Da berühren sich Himmel und Erde
Musik und Spiritualität

Da berühren sich Himmel und Erde

Musik und Spiritualität
Eine Anthologie

Herausgegeben von
Michael Fischer

Benziger Verlag
Zürich und Düsseldorf

Die Deutsche Bibliothek – CIP-Einheitsaufnahme

Da berühren sich Himmel und Erde /
Musik und Spiritualität. – Eine Anthologie /
hrsg. von Michael Fischer –
Zürich ; Düsseldorf : Benziger, 1998
ISBN 3-545-20140-6

© 1998 Benziger Verlag, Zürich und Düsseldorf
Druck und Verarbeitung: Clausen & Bosse, Leck
Printed in Germany
ISBN 3-545-20140-6

Inhalt

1. Lob der Musik

2. Vom Ursprung der Musik

3. Wirkmächtige Musik

4. Zerbrochene Musik

5. Bild und Gleichnis

6. Tönender Kosmos

7. Alles, was atmet

8. Das neue Lied

Geleitwort

Wohl zu allen Zeiten haben Menschen nicht nur singend und spielend musiziert, sondern auch über die Musik, ihren Ursprung und ihr Wesen nachgedacht. Dabei kam häufig auch das Verhältnis der Tonkunst zum Himmlischen mit ins Spiel. Die Musik wurde mit den magisch-spirituellen Kräften und dem Bereich des Göttlichen in Verbindung gebracht. Komponisten und Musiker, aber auch Musiktheoretiker und Theologen, Dichter und spirituell Begabte haben dieses besondere Verhältnis «zwischen Himmel und Erde» in Worte gefaßt, sei es in gelehrten Abhandlungen und Predigten oder in Gedichten und Liedern, die zum Weiterdenken anregen wollen.

Dieses Ziel verfolgt auch die vorliegende Anthologie: Texte aus zwei Jahrtausenden wollen Brücken zwischen Musik und Spiritualität schlagen und es dem Leser ermöglichen, durchaus unterschiedliche Zugänge zur spirituellen Dimension der Musik kennenzulernen und eigene Zugangsweisen zu einer musikalischen Spiritualität zu finden. Der Begriff «Spiritualität» wurde für diese Anthologie sehr weit gefaßt; er umgreift alle Konzepte, die Musik als eine geistig-geistliche Ausdrucksform des Menschen verstehen, um so den Berührungspunkten zwischen dem Irdischen und der Sphäre des Göttlichen nachzuspüren.

Zunächst mag es sinnvoll erscheinen, nur die positiven Aspekte dieser Verbindung herauszustellen wie das Lob der Musik, ihren göttlichen Ursprung, ihre geheimnisvolle Macht und Wirkung sowie ihre transzendierende Bestimmung. Aber das von vielen als selbstverständlich empfundene Verhältnis von Musik und Spiritualität wurde in der Vergangenheit und Gegenwart auch immer wieder – kunst- und religionskritisch – in Frage gestellt. In diesem Sinne ist der Abschnitt «Zerbrochene Musik» zu verstehen, der das Thema «Musik und Spiritualität» kontrapunktisch begleitet.

Als «Lesehilfe» dient die Einteilung in acht Abschnitte, denen jeweils ein biblisches Motto vorangestellt ist. Diese alt- und neutestamentlichen «Leitmotive» verweisen darauf, daß sich die abendländische Musikauffassung – neben den Einflüssen der griechischen Philosophie – wesentlich der jüdisch-christlichen Kultur verdankt. Die Bibel begreift die Musik zum einen als eine Gottesgabe, als Teil der Schöpfung, und zum anderen als eine dem Menschen angemessene Form, Gott zu loben und so seinem Handeln zu entsprechen. Darüber hinaus enthält die Bibel mit ihren Psalmen und Liedern selbst Texte, die zu dem Spiel von Instrumenten als Gotteslob gesungen wurden. Diese biblische Musikanschauung wurde im Mittelalter um einen neuen Aspekt bereichert. Unter Berufung auf den Römerbrief (1,20) gelangte man zur Überzeugung, daß Gott auch durch die Werke seiner Schöpfung, und dabei nicht zuletzt in der Gabe der Musik, wahrzunehmen sei. Die Musik konnte so als Bild und Gleichnis verstanden werden: In dem rational durchgestalteten Kunstwerk spiegelt sich derjenige wider, der alles «nach Maß, Zahl und Gewicht geordnet» hat (Buch der Weisheit 11,20). Entsprechend wurde die irdische Musik als Vorgeschmack und Vorspiel des ewigen Lebens («praeludium vitae aeternae») gedeutet, und zugleich gewann die himmlische Musik der Engel, die in zahlreichen Visionen geschaut wurde, an Bedeutung. Diese mittelalterliche Verküpfung der Musik mit dem Schöpfergott wirkte, u. a. durch die Vermittlung Martin Luthers, bis in das Barockzeitalter fort. Erst unter dem Einfluß der Aufklärung löste sich die theozentrische Musikauffassung allmählich auf. Dabei erfuhr der Begriff der «göttlichen» bzw. «himmlischen Musik» wiederum eine neue Deutung: Die Musik galt nicht mehr als Gabe oder Gleichnis Gottes, sondern sie entwickelte sich selbst zu einem Gegenstand religiöser Verehrung. Im 19. Jahrhundert konnte dann die Musik zur «heiligen Tonkunst» (Christian Friedrich Daniel Schubart) und «erlösendsten Kunst» (Richard Wagner) erhoben werden.

Heute sehen wir das nüchterner. Einer zerbrochenen und weithin entzauberten Welt entspricht eine gebrochene Musikanschauung, die sich Zugänge zu den spirituellen Dimensionen der Musik erst wieder neu erschließen muß. Doch der Feststellung Rose Ausländers «Die Musik ist zerbrochen» steht das appellative «Es sind noch Lieder zu singen jenseits der Menschen» von Paul Celan gegenüber. Dieser Vers beschließt auch diesen Band mit Texten zur Musik und Spiritualität – und läßt zugleich den Raum offen für Gedanken und Lieder der Leser und Leserinnen, die sich von diesen Worten ansprechen und anregen lassen wollen.

Lob der Musik

Ein Rubin an goldenem Geschmeide,
das ist ein schönes Lied beim Weingelage.
Ein Smaragdsiegel in goldener Fassung,
das ist ein Gesang bei köstlichem Wein.
Sir 32,5 f.

ANONYMUS

Ich lobe den Tanz

Ich lobe den Tanz,
denn er befreit den Menschen
von der Schwere der Dinge,
bindet den Vereinzelten
zur Gemeinschaft.

Ich lobe den Tanz,
der alles fordert und fördert,
Gesundheit und klaren Geist
und eine beschwingte Seele.
Tanz ist Verwandlung
des Raumes, der Zeit des Menschen,
der dauernd in Gefahr ist
zu zerfallen, ganz Hirn,
Wille oder Gefühl zu werden.

Der Tanz dagegen fordert
den ganzen Menschen,
der in seiner Mitte verankert ist,
frei von der Begehrlichkeit
nach Menschen und Dingen
und von der Dämonie
der Verlassenheit im eigenen Ich.

Der Tanz fordert den befreiten,
den schwingenden Menschen
im Gleichgewicht aller Kräfte.

Ich lobe den Tanz.

O Mensch, lerne tanzen,
sonst wissen die Engel im Himmel mit dir
nichts anzufangen.

THOMAS VON AQUIN

Die vornehmste aller Wissenschaften

Da wir es uns zur Aufgabe setzen, über die Musik einiges Notwendige zum Nutzen der Sänger abzuhandeln, ist es erforderlich, daß wir gemäß den Absichten des höchsten Urhebers die subtilsten ihr zugrunde liegenden Regeln verstehen lernen.

Da die Musik unter den sieben freien Künsten allein den Vorsitz führt, wie Aristoteles schreibt, so ist es die Musik, die in der triumphierenden und streitenden Kirche Gott wohlgefällig ertönt, jene Musik, welche die Heiligen in ihre Andachtsübungen aufnahmen, durch die die Sünder Verzeihung erflehen, durch die die Traurigen gestärkt werden, durch die die Geistgestörten Erleichterung empfinden, durch die die Kämpfenden ermutigt werden. Denn wie Isidor von Sevilla im Werk *Etymologiae* sagt, ist die Schande nicht geringer, nicht singen zu können, als von Wissenschaft nichts zu verstehen, da doch die Heiligen mit den Engeln und Erzengeln, mit den Thronen und Mächten und mit der ganzen himmlischen Heerschar unaufhörlich täglich singen: Heilig, heilig, etc.

Daraus geht klar hervor, daß die Musik die vornehmste aller Wissenschaften ist und daß jeder sie in gehöriger Weise vor allen anderen kennen muß. Und dies läßt sich auch beweisen. Denn keine Wissenschaft wagte es, außer der Musik allein, in den Kirchenraum einzudringen.

MARTIN LUTHER

Vorrede auf alle guten Gesangbücher

Frau Musica

Von allen Freuden auf Erden
    Kann niemand keine feiner werden,
Denn die ich geb mit meim Singen
    Und mit manchem süßen Klingen.
Hier kann nicht sein ein böser Mut,
    Wo da singen Gesellen gut.
Hier bleibt kein Zorn, Zank, Haß, noch Neid,
    Weichen muß alles Herzeleid.
Geiz, Sorg und was sonst hart anleit
    Fährt hin mit aller Traurigkeit.
Auch ist ein jeder des wohl frei,
    Daß solche Freud kein Sünde sei,
Sondern auch Gott viel mehr gefällt
    Denn alle Freud der ganzen Welt.
Dem Teufel sie sein Werk zerstört
    Und verhindert viel böser Mörd.
Das zeugt Davids, des Königs Tat,
    Der dem Saul oft gewehret hat
Mit gutem süßem Harfenspiel,
    Das er nicht in großen Mord fiel.
Zum göttlichen Wort und Wahrheit
    Macht sie das Herz still und bereit.
Solchs hat Elisäus bekannt,
    Da er den Geist durchs Harfen fand.
Die beste Zeit im Jahr ist mein,
    Da singen alle Vögelein,
Himmel und Erden ist der voll,
    Viel gut Gesang da lautet wohl.
Voran die liebe Nachtigall
    Macht alles fröhlich überall

Mit ihrem lieblichen Gesang,
  Des muß sie haben immer Dank.
Viel mehr der liebe HERRE Gott,
  Der sie also geschaffen hat,
Zu sein die rechte Sängerin,
  Der Musicen ein Meisterin.
Dem singt und springt sie Tag und Nacht
  Seins Lobes sie nichts müde macht,
Den ehrt und lobt auch mein Gesang
  Und sagt ihm ein ewigen Dank.

ANONYMUS

Wer sich die Musik erkiest

Wer sich die Musik erkiest,
Hat ein himmlisch Gut bekommen.
Denn ihr erster Ursprung ist
Von dem Himmel hergenommen.
Müssen in der letzten Zeit
Alle Künste sonst vergehen;
Bleibet in der Ewigkeit
Dennoch die Music bestehen,
Da die Engel ingemein
Selber Musikanten sein.

JOHANN WALTER

Lob der Musik

Sie ist mit der Theologie
Zugleich von Gott gegeben hie
Gott hat die Music fein bedeckt
In der Theologie versteckt
Er hat sie beid im Fried geschmückt
Das kein der andern Ehr verrückt
Sie sind in Freundschaft nahe verwandt
Daß sie für Schwestern werden erkannt
Wo Gottes Wort das Herz entzündt
Daselbst die Music bald sich findt
Die Musik ist ein himmlisch Kunst
Sie offenbart des Geistes Brunst
Kein Kunst auf Erd wird ihr vergleicht
Aus Gottes Reich sie nimmer weicht
Die Heilge Schrift sie hoch erhebt
Drum billig sie in Ehren schwebt
Man hat im Alten Testament
Auf solche Kunst groß Fleiß gewendt
Viel König und Propheten hoch
Die sind der Kunst ein Zeugnis noch
Und ist fürwahr ein Wunder groß
Wie diese Kunst ohn alle Maß
Hat heimlich Kraft und Stärk bei ihr
Auf daß man solchs mag gläuben mir
So will ich etlich Stück berührn
Und aus der Schrift Beweisung führn
Da Gott sein Volk durch's rote Meer
Geführt und Pharao sein Heer
Ersäuft, dadurch sein Volk erlöst
Da sangen sie in Freud getrost

Und lobten Gott mit eim Gesang
Jung und alt vor Freuden sprang
Mit Music Ton in dicker Wolk
Gab Gott die zehn Gebot seim Volk (...)
Da Saul vom bösen Geist geplagt
Nach Music-Kunst alsbald man fragt
Der David muß zum König bald
Mit seiner Harfen Kunst-Gewalt
So oft des Davids Harfe klang
So wich des bösen Geistes Zwang (...)
Da David letztlich König ward
Erst braucht er recht der Music zart
Als er die gülden Lad einführt
Ich mein, die Music ward gerührt
Mit Singen, Klingen, Harfenspiel
Mit Psaltern, Pauken, Zimbeln viel
Posaunen und Trompeten gut
und alles, was zur Music tut
Das mußt allda mit großem Schalln
Dem lieben Gott zu Wohlgefalln
Und seinem Lobe werden gebraucht
Solchs David als zu wenig daucht
Er selbst vor Freude sprang und tanzt
ob's gleich sein Weib zum Spotte schanzt
Er hat viel Sänger selbst bestellt
Darauf gewandt ein großes Geld
Die heilge Schrift solchs klar anzeigt
Drum dieser Kunst Gott sehr geneigt
Ist nicht der ganze Psalter gar
Voll Gotteslob und Music zwar
Wie oft braucht David solche Wort
Lobt Gott, lobsingt, an allem Ort
Wach auf, mein Harf und Psalter schön
Lob meinen Gott durch süß Getön

Der Psalter ist ein starker Rück
Der Music Kunst in allem Stück
Die Music ist des Psalters Mund
Sie stehn gar fest in einem Bund
Sie gehn beisamm in eim Gewicht
Darum sie sind zu scheiden nicht
Wenn David itzund leben sollt
Weil Gottes Zusag ist erfüllt
Er würd die Music höher ehrn
Kein Geld nicht sparn, die Kunst zu mehrn (...)

Im Neuen Testament wird auch
Die Kunst gelobt zu ihrem Brauch
Da Jesus Christus ward geborn
Zum Heil uns, die wir warn verlorn
Alsbald das himmlisch Heer mit Pracht
Ein große Meng der englisch Macht
Bei'n Hirten auch in Lüften drob
Zur Freuden singen Gott zu Lob
Ehre sei Gott im höchsten Thron
Und Fried auf Erden sei jedermann
Den Menschen werd solch Heil bekannt
Und nehmens an mit Dank zuhand
Wenn in der Schrift kein Ort nicht wär
Da man die Music lobet sehr
So wär dies Zeugnis gnugsam Grund
Der schönen Kunst zu aller Stund
Die Music braucht Gott stets also
Beim heilgen Evangelio
Solchs zeuget der Apostel Schrift
Den rechten Brauch der Kunst sie trifft
Sankt Paulus spricht, die Christen sollen
Wenn sie sich selbst vermahnen wollen
Psalmen und geistliche Lieder singen
Solchs auch soll von Herzen dringen

Herz und Mund soll'n Gott den Herren
durch Lobgesang stets preisen lernen
Ist nicht die Music itzt noch stet
Bei Gottes Wort und seim Gebet
Wer nun der schönen Kunst ist Gram
Der ist in seim Verstand ganz lahm
Wer Gottes Wort viel höret gern
Der wird der Music hoch begehrn
Gott hat den Hals, Mund und die Zung
Mit einem Blasebalg, das ist die Lung,
Vergebens nicht also gemacht
Zu seinem Lob hat er's erdacht
So ist die Kunst in ganzer Summ
Heilig, göttlich, löblich und frumm
Die Music mit Gott ewig bleibt
Die andern Künst sie all vertreibt
Im Himmel nach dem Jüngsten Tag
Wird sie erst gehn in rechter Waag
Itzt hat man Hülsen nur davon
Dort wird der Kern recht aufgetan
Im Himmel gar man nicht bedarf
Der Kunst Grammatik, Logik scharf
Geometrie, Astronomei
Kein Medizin, Juristerei
Philosophie, Rhetorica
Allein die schöne Musica
Da werden's all Cantores sein
Gebrauchen dieser Kunst allein
Sie werden all mit Ruhm und Preis
Gott loben hoch mit ganzem Fleiß
Und danken seiner großen Gnad
Die er durch Christ erzeiget hat
Sie singen all ein Liedlein neu
Von Gottes Lieb und hoher Treu
Solchs Singen ewig nicht vergeht

Wie in der Apokalypse steht
Gott helf uns allen auch dahin
Daß wir bei Gott in einem Sinn
Und allen Auserwählten gleich
Singen mit Freud in Gottes Reich
Lob, Ehr, Weisheit und großer Dank
Preis und Kraft sei von Anfang an
Immer und ewiglich getan
Drum laßt uns auch nun heben an
Und Gott den Herrn mit großem Schall
Und seinen Namen loben all
Amen, amen, daß Wahrheit sei
Dazu uns Gott sein Gnad verleih.

JOHN DRYDEN

Preis der Harmonie

O blick herab,
Harmonische Heilge du, wie wir,
Im Preisgesang dich feiernd hier,
Uns deiner Kunst in Andacht weihn,
Des Himmels Teil in unserm Sein.

Tonkunst! in Wunderkraft bewährt!
Die stillt den Gram und stimmt zur Lust,
Und Liebe zeugt und Wut zerstört,
Und hebt und beugt die starrste Brust.

Dein Wohllaut schmückt des Dichters Sang,
Der Saiten bebend Spiel;
Melodisch ist dein Weg und Gang,
Und Harmonie dein Ziel.

Sie rührt das Ohr, entzückt das Herz,
Zwingt jede Leidenschaft;
Sie beut uns Trost, sie bannt den Schmerz,
Und herrscht mit Zauberkraft.

JOHANN CHRISTOPH LORBER

Lob der edlen Musik

Du aber, edle Kunst! Der Seligkeit bemerk',
Du Kind der Ewigkeit, du himmlisch Wunderwerk,
Der Engel Eigentum, die von dem ewgen Lichte,
Vor Gottes Majestät, vor Gottes Angesichte
Ihr allerheiligst Lied, das noch kein Menschen Mund,
Hervor zu bringen weiß, das keinem Ohre kund
Gemachet werden kann, mit Engelstimmen singen,
Bleibst himmlisch, wie du bist; der Mensch zwar mag dich zwingen
Durch die Erfindungs-Kunst zu seiner Möglichkeit,
Die sich zum Wunder macht, doch der Vollkommenheit
Noch weit entfernt ist. Zu Gottes Lob und Preise
Gehört ein himmlisch Lied, der Engel heilge Weise.
In solcher Herrlichkeit, in solchem Heiligtum
Führt die Musik sich auf: ihr überirdscher Ruhm
Fühlt nichts Vergängliches …
Die ganze Wesenheit des Weltgebäudes steht
Mit Dir in Kompagnie. Wo sich Saturnus dreht,
Wo Phöbus' Schwester uns ihr blasses Silber zeiget,
Wo sich der Erdenball zu seinem Mittel neiget,
Da regt sich Deine Kraft. Dies alles ist erbaut
Nach Deiner Harmonie. Wer Deinen Lehrern traut,
Wer ihrer Schüler sich bedient, wer nicht gewöhnet,
Daß er ein jedes Ding verachtet und verhöhnet,
Was ihm in Kopf nicht will; der stimmet mir itzt bei
Und zeiget, daß der Mensch ganz musikalisch sei.

AUS: AUGSBURGER TAFELKONFECT

Von der edlen Musik

Nach des Adams Übertreten
War sogleich der Schluß von Gott
Daß der Mensch mit Angst und Nöten
Müßt gequält sein bis in Tod
Gleichwohl dieses leicht zu machen
Hat er ihm geordnet zu
Voll Erbarmen solche Sachen
Die ihm schaffen können Ruh.

Unter diesen süßen Mitteln
Hat ja fast den ersten Platz
Der mit vielen Ehren-Titeln
Überhäufte werte Schatz
Einer Music helles Schallen
Für dies edle Gut ich nimm
Nach dem Takt wenn's nett tut fallen
Eine klare reine Stimm.

Von der Erd sie nicht herrühret
Music ist ein Himmels-Gab
Von den Engeln eingeführet
Schreibet sich nur dort herab
Daß wir eh damit gepranget
Als das große Reich der Stern
Daß von uns sie hingelanget
Mein wer will es glauben gern.

Eh noch Jubal Saiten zogen
Aus der Schäflein Eingeweid
Eh noch einer mit dem Bogen
Machte einen Noten-Streit

War da vor dem Thron des Herren
Schon ein Musikanten-Chor
Die das Heilig Ihm zu Ehren
Lieblich musizierten vor.

Beten und das Herz bewegen
Wenn man Gott die Pflicht abstatt
Music wir zu brauchen pflegen
Aus der alten Kirchen Rat
Also wird sein Nam gepriesen
Durch die Noten ohne Zahl
Jene Ehr ihm fast erwiesen
Die er hat im Himmels-Saal.

Für des Herzens Ängstigkeiten
Für das melancholisch Blut
Wo man mit Verdruß muß streiten
Ist die Music trefflich gut
Daß die Unlust wird vertrieben
Durch den Wein und Music-Klang
Hat der heilig Geist geschrieben
Niemand darf da zweifeln lang.

An den Saul zurück gedenket
Wie er ganz betrübt gewest
Was hat ihm ein Trost geschenket
Was von Schwermut ihn erlöst
Nicht die guten Schlecker-Bissen
Die ihm wie ein Gall im Mund
Davids Harfen muß es wissen
Hat ihm kürzet manche Stund.

FRANZ VON SCHOBER

An die Musik

Du holde Kunst, in wieviel grauen Stunden,
wo mich des Lebens wilder Kreis umstrickt,
hast du mein Herz zu warmer Lieb entzunden,
hast mich in eine beßre Welt entrückt.

Oft hat ein Seufzer, deiner Harf entflossen,
ein süßer, heiliger Akkord von dir,
den Himmel beßrer Zeiten mir erschlossen,
du holde Kunst, ich danke dir dafür.

LUDWIG TIECK

Die Musik spricht

Im Anfang war das Wort. Die ewgen Tiefen
Entzündeten sich brünstig im Verlangen,
Die Liebe nahm das Wort in Lust gefangen,
Aufschlugen hell die Augen, welche schliefen,

Sehnsüchtge Angst, das Freudezittern, riefen
Die selgen Tränen auf die heilgen Wangen,
Daß alle Kräfte wollustreich erklangen,
Begierig, in sich selbst sich zu vertiefen.

Da brachen sich die Leiden an den Freuden,
Die Wonne suchte sich im stillen Innern,
Das Wort empfand die Engel, welche schufen;

Sie gingen aus, entzückend war ihr Scheiden.
Auf, Gottes Bildnis, des dich zu erinnern
Vernimm, wie meine heilgen Töne rufen.

Nacht, Furcht, Tod, Stummheit, Qual war eingebrochen,
Ihr Banner wehte auf besiegten Reichen,
Erschrocken flohen vor dem giftgen Zeichen
Mit stummer Zunge, welche erst gesprochen.

So ist denn ganz das Liebeswort zerbrochen?
Es sucht im Wasserfall, will sich erreichen,
Aus Bäumen strebt es, Quellen, grünen Sträuchen,
In Wogen klagt es: was hab ich verbrochen?

Die Wasser gehn und finden keine Zungen,
Dem Wald, dem Fels ist wohl der Laut gebunden,
Die Angst entzündet sich im Tiere schreiend.

In Menschenstimme ist es ihm gelungen,
Nun hat das ewge Wort sich wieder funden,
Klagt, betet, weint, jauchzt laut sich selbst befreiend.

Ich bin ein Engel, Menschenkind, das wisse,
Mein Flügelpaar klingt in dem Morgenlichte,
Den grünen Wald erfreut mein Angesichte,
Das Nachtigallen-Chor gibt seine Grüße.

Wem ich der Sterblichen die Lippe küsse,
Dem tönt die Welt ein göttliches Gedichte,
Wald, Wasser, Feld und Luft spricht ihm Geschichte,
Im Herzen rinnen Paradieses-Flüsse.

Die ewge Liebe, welche nie vergangen,
Erscheint ihm im Triumph auf allen Wogen,
Er nimmt den Tönen ihre dunkle Hülle,

Da regt sich, schlägt in Jubel auf die Stille,
Zur spiel'nden Glorie wird der Himmelsbogen,
Der Trunkne hört, was alle Engel sangen.

E. T. A. HOFFMANN

Aus: Alte und neue Kirchenmusik

Jetzt darf von der Musik in der tiefsten Bedeutung ihres eigentümlichen Wesens, nämlich wenn sie als religiöser Kultus in das Leben tritt – von der Kirchenmusik geredet werden: Denn nicht mehr verklingen die Worte unbeachtet, wie sonst, wo selbst die besser und höher Gestimmten der bittre Unmut zur regungslosen Gleichgültigkeit abstumpfte.

Keine Kunst geht so rein aus der innern Vergeistigung des Menschen hervor, keine Kunst bedarf so nur einzig reingeistiger, ätherischer Mittel als die Musik. Die Ahnung des Höchsten und Heiligsten, der geistigen Macht, die den Lebensfunken in der ganzen Natur entzündet, spricht sich hörbar aus im Ton, und so wird Musik, Gesang der Ausdruck der höchsten Fülle des Daseins – Schöpferlob! – Ihrem innern, eigentümlichen Wesen nach ist daher die Musik, wie eben erst gesagt wurde, religiöser Kultus und ihr Ursprung einzig und allein in der Religion, in der Kirche zu suchen und zu finden. Immer reicher und mächtiger ins Leben tretend, schüttete sie ihre unerschöpflichen Schätze aus über die Menschen, und auch das Profane durfte sich dann, wie mit kindischer Lust, in den Glanz putzen, mit dem sie nun das Leben selbst in all seinen kleinen und kleinlichen

irdischen Beziehungen durchstrahlte; aber selbst dieses Profane
erschien in dem Schmuck wie sich sehnend nach dem höheren, göttlichen Reich und strebend, einzutreten in seine Erscheinungen.

ANONYMUS

Cäcilia

Die Sprache nenn', die alle Wesen kennen,
Die jeder Geist empfindet und versteht –
Mit der die Engel himmlisch sich benennen,
Nach der der Sphären Lauf sich dreht –
In der die Sterne liebesfeurig brennen,
In der die Welt nicht untergeht:
Die Musik ist's, und ihre Fürstin, ha!
Cäcilia.

Wie groß und mächtig ist das Reich der Töne!
Die ganze Welt hält nur durch Harmonie;
Im Einklang nur erblühen Kraft und Schöne,
Der Mißlaut stört des Lebens Melodie.
Wo ist ein Streit, den lieblich nicht versöhne
Der Zauberklang der Weltenpoesie?
Drum selig der, dem Du in Gnaden nah,
Cäcilia!

Ja, selig der, den Deine Boten riefen,
Dem Du des Geistes höh're Weihe schenkst, –
Den Du hinein in die geheimsten Tiefen
Bis zu dem Throne Deines Zaubers lenkst, –
Und dem Du in die Nacht der Hieroglyphen
Dein Licht der Höhe mild hernieder senkst!

Ja, selig der, der Dir in's Auge sah,
Cäcilia!

O blicke huldvoll auch auf unser Streben!
Verschmäh' uns nicht, wir dienen Dir so gern!
O, leite doch zu Dir hin unser Leben!
Und sind wir Dir zu fremd, Dir noch zu fern:
So laß den Geist der Töne vor uns schweben
Im süßen Glanz als heller Tagesstern,
Und führ' uns alle Deinem Throne nah,
Cäcilia.

NIKOLAUS HARNONCOURT

Die Macht der Musik

Die Musik – etwas Wunderbares! Allen vernünftigen Überlegungen
unzugänglich ... Können wir die Musik erklären ... ihre Wirkung?
Wieso kann die Aneinanderreihung und Übereinanderschichtung
von Tönen, Klängen und Rhythmen so ergreifen? (...)
Die Musik ist ein Rätsel, ein unerklärbares Geschenk aus einer anderen Welt, eine Sprache des Unsagbaren, die aber manchen letzten
Wahrheiten und geheimnisvollen Erlebnissen wohl eher nahekommt
als die Sprache der Worte, der Verständigung mit ihrer technischen
Präzision und Logik; mit ihrer fast immer schrecklichen Verein-
fachung und Folgerichtigkeit; mit ihrer unmenschlichen Klarheit,
ihrem oft tödlichen Ja oder Nein.
An Mozart zu denken, macht mich traurig; wir haben ja nicht nur
seine Musik zur hübschen Abendunterhaltung degradiert – wir
haben in unserem unsäglichen und krebsartig wachsenden Materialismus die Lebensnotwendigkeit von Musik, von Kunst überhaupt,
nach und nach immer weniger verstanden, bis zur heutigen Situation
totaler Verkümmerung. (...)

Wir Menschen haben offenbar zwei Ebenen, in denen wir denken können und müssen: die eine ist unbezweifelt und unbestritten die Logik, das rationale Denken, die Vernunft (wie man es in der Zeit der Aufklärung genannt hat) – diese Denk- und Sprechweise führt zum «Fortschritt», zur Technik und Technokratie, zu Wohlstand, Leistung, Konkurrenz, Wissenschaft ... aber, da ihr Moral und Mitgefühl prinzipiell fremd ist, auch zu Mord und Krieg, Ausbeutung und Unterdrückung. Sie ist im Grunde nur die riesenhafte und logische Steigerung der Hilfsmittel, die auch der Affe nützt, wenn er einen Stein zum Knacken der Nuß nimmt – ist im Grunde primitiv.

Die andere Denkweise ist anscheinend gar keine eigentliche Denkweise. Sie folgt offenbar irrational dem Herzen. Ihre Hauptantriebe sind Phantasie und Liebe – sie entzieht sich der Beschreibung, weil sie nicht der Logik folgt; Ja und Nein sind nicht so scharf getrennt; Schönheit und Wahrheit sind hier wohl fast identisch. (...)

Ist es nicht merkwürdig, daß es keinen einzigen Menschen gibt, der sich mit der verbalen Sprache allein zufriedengibt? Es gibt Wirklichkeiten im Leben, die nur dem Erleben zugänglich sind, nicht der Vernunft, nicht der Sprache: Glück – Freude – Friede – ... oder Unglück – Haß – Schmerz. Sie werden durch das «Empfinden» erlebt; Emotion (Bewegung) und Stimmung sind ihr Ausdruck, die Musik ihre Sprache. Es leuchtet mir ein, was manche Philosophen sagen, daß es die Musik – die Kunst ist, die den Menschen zum Menschen macht. Sie ist ein unerklärliches Zaubergeschenk, eine magische Sprache, ein Wunder. (...)

Es ist wohl noch etwas hinter den Dingen – wovon wir wissen und doch nicht wissen –, das «Denken des Herzens» schafft uns unbeweisbare Gewißheit –, die Musik, die Kunst, das Phantastische, die Offenbarung erzählen uns davon.

Kunst ist immer untrennbar mit Religion verbunden; ohne Religion kann es keine Kunst geben, da bin ich mir ganz sicher.

Auch ein unreligiöser oder atheistischer Künstler ist da kein Gegenbeweis; die wirkliche Kunst nimmt sich, was sie braucht, Inspiration, Intuition, Ideen machen aus dem Künstler mehr als seine eigene persönliche Armseligkeit, das fühlt jeder, das weiß jeder.

Der Mensch hat wohl zwei grundverschiedene Möglichkeiten zu denken. Er besitzt einmal die Vernunft, die auf dem logischen Denken beruht; außerdem aber besitzt er noch ein alogisches, phantastisches «Empfindungsdenken». Pascal, der bedeutende Mathematiker und Denker des 17. Jahrhunderts, stellt dem rationalen Denken, der Vernunft, den «Geist der Geometrie» wie er es nennt, ein Denken des Herzens, «raison du cœur», oder «esprit de finesse», einen Geist der Sensibilität gegenüber. (...) Das «Denken des Herzens» ist unvernünftig, phantastisch, unlogisch, seine Gedanken gehen offenbar andere Wege, benützen andere Bahnen unseres Gehirns, sie machen glücklich, ohne es erklären zu können, sie lassen uns Schönheit empfinden, Liebe und auch Haß.

Die Religion ist, vom Standpunkt des logischen Denkens gesehen – ich zitiere sicherheitshalber Pascal –, «unvernünftig und unnatürlich, man bedenke, was die Bergpredigt fordert ...» Das «Denken des Herzens» ist wohl das Vermittlungsorgan der Religion – und die Kunst ist seine Sprache. Weder die Religion noch die Kunst lassen sich vernünftig erklären – darüber können wir dankbar und glücklich sein. Wie jämmerlich enden immer wieder die Versuche, Ratio und Logik in die Sphäre der Liebe und des Mitgefühls, der Phantasie und der Schönheit zu bringen!

Vom Ursprung der Musik

HESIOD

Geburt der Musen

Gut, dann will von den Musen ich anfangen, die ihrem Vater
Zeus im Olymp den machtvollen Sinn mit Gesängen erfreuen,
wenn sie, die Stimmen harmonisch vereint, von Gegenwart, Zukunft
und von Vergangenheit künden; die lieblichen Töne entfließen
unermüdlich dem Mund. Da lacht der Palast des gewaltig
donnernden Vaters Zeus, wenn der Göttinnen lilienklare
Stimmen weithin verströmen; es hallt der Olymp mit verschneitem
Haupt und die Häuser der Ewigen. Unter den herrlichsten Klängen
preisen im Sang sie zuerst vom Urbeginn an die gerühmte
Sippe der Götter, die Gaia dem weiten Uranos schenkte,
und die aus ihnen entsprossen, die Götter, die Gutes uns spenden;
dann aber preisen sie Zeus, den Vater der Götter und Menschen,
wenn sie beginnen den Sang, die Göttinnen, oder ihn enden,
wie er der höchste der Ewigen sei und an Stärke der größte.
Schließlich singen vom Stamm der Menschen und starken Giganten
rühmend die Mädchen, den Sinn des Zeus im Olymp zu erfreuen,
Töchter des aigisschüttelnden Zeus, die olympischen Musen.
Diese gebar Mnemosýne, die Herrin am Hang des Eleúther,
ihm sich vereinend, dem Vater Kroníon im Land Piërien,
als ein Vergessen des Bösen, als Trost bei Not und bei Sorge.
Neun volle Nächte wohnte ihr bei der allweise Herrscher
Zeus, und fern von den Göttern bestieg er ihr heiliges Lager.
Als nun das Jahr verstrich, bei schwindenden Monden die Zeiten
flohen und viele Tage vollendet waren im Kreislauf,
hat neun Mädchen von gleichem Sinn sie geboren, die einzig
Singen im Busen bewegt – sie tragen ein Herz ohne Sorgen –,
hoch auf verschneitem Olymp in der Nähe des obersten Gipfels.
Schimmernde Tanzplätze haben sie dort und schöne Paläste,
nahe bei ihnen bewohnen auch Hímeros und die Chariten
Häuser im Glanz; dem Mund entströmen liebliche Lieder,
tanzend rühmen sie laut Gesetze und sorgende Obacht

aller Götter, sie lassen gar liebliche Lieder entströmen.
Prunkend in heiligem Tanz und mit herrlichen Stimmen, so eilten
sie zum Olymp hinauf; rings jauchzte die bräunliche Erde
über den Sang, es erhob sich ein zartes Geräusch von den Füßen,
als sie zum Vater schritten. Dieser ist König im Himmel,
selbst gebietet er nun dem flammenden Blitz und dem Donner,
da er den Vater Kronos bezwungen an Kraft. Und den Göttern
gab er für jedes klug eine Ordnung und wies die Bereiche.
Dies nun sangen die Musen, die hoch im Olymp in Palästen
wohnen, die neun von Zeus, ihrem mächtigen Vater, gezeugten
Töchter: Eutérpe (die «Wohlerfreuende»), Kleio (die «Verkünderin
des Ruhmes»), Tháleia (das «Fest») und Melpoméne («die das Lied
Singende und Tanzende»), Érato (die «Liebliche») und Terpsichóre
(«die sich am Tanzreigen erfreut»), Polýmnia (die «Hymnenreiche»)
und Uranía (die «Himmlische») und Kalliópe (die «Schönstimmige»)
– sie steht von allen am höchsten in Ansehn,
denn sie gesellt sich achtbaren Königen schützend zur Seite.

FRANCISCUS VENETUS

Christus als zweiter Orpheus

Auch die Musik hat Christus lehrend hinzugefügt, und zwar, als er
mit dem Tympanum seines am Kreuze ausgereckten Leibes erklang,
während seine Seele daran schlug und sein Atem es widerhallen ließ,
so süß, daß er weit besser, als man von Orpheus sagt, auch alle jene,
die in allen Weltgegenden weit entfernt von ihm weilen, an sich zieht.
Denn er hat Einklang und Eintracht zwischen Irdischem und Himm-
lischem herbeigeführt, alles versöhnend, alles befriedend durch sein
Kreuzesblut, wie Paulus sagt. Solches zu vollbringen ist niemandem
früher noch später gegeben worden.

JOHANN WALTER

Ursprung der Musik

Nachdem der ewig gütig Gott
Den ersten Mensch geschaffen hat
Mit seinem Weib, sie beid gesetzt
In Gartens Lust, und ihm zuletzt
Mit Ernst geboten und gesagt
Das ist mein Will, und mir behagt
Von allerlei Bäum im Garten
Sollst du essen und dich warten
Allein vom Baum dadurch man kennt
Das Bös und Gut, so dich verblendt
Sollst du nicht essen, sag ich dir
Denn wo du wirst nicht folgen mir
Und welches Tags du davon ißt
So bald gewiß des Todes bist
Auf solch Gebot da kam die Schlang
Mit List sie zu dem Weib eindrang
Mit süßen Worten sie betrog
Daß sie die Frucht vom Baum abzog
Und aß, und gab auch ihrem Mann
Ihr Augen wurden aufgetan
Erkannten, daß sie nacket warn
Die Sünd ihnen solchs tät offenbarn
Erst sahen sie, wie sie hätten
Gottes Gebot übertreten
Fühlten, daß sie mußten sterben
Ewiglich im Tod verderben
Aller Gaben warn sie entblößt
In denen sie sich zuvor getröst
Da jammert Gott ihr großes Leid
Gedacht an sein Barmherzigkeit

Sagt ihnen zu, er wollt ihnen geben
Durchs Weibes Samen ewig Leben
Daß sie und auch ihr ganz Geschlecht
In solchem Samen würden gerecht
Damit sie wiederum vom Tod
Aus Teufels Gwalt und großer Not
Errettet und gemachet frei
Und dienten Gott im Geist dabei
Auf daß nun Gottes Gnad und Gunst
Die er dem Menschen gar umsunst
Versprochen in seinem Wort aus Lieb
In stetem frischem Gedächtnis blieb
Dadurch das Herz mit Lust erregt
Zu Gottes Lob und Preis bewegt
Solch großem Schatze dankbar wär
Dies ist die höchste Ursach schwer
Warum Gott hat gegeben schnell
Die Music-Kunst, des Lobs ein Quell
Zum andern, weil der Mensch auf Erd
Viel Leid und Jammers haben werd
Welchs ihm die Sünd nun angeerbt
Dazu die ganz Natur verderbt
Auf daß des armen Leibes Kraft
Nicht gar verzehret würd sein Saft
Und etwas hätt, dadurch er sich
Erquicken möcht, doch wunderlich
So hat Gott bald bei Adams Zeit
Die Musica zur Lust und Freud
Dem Jubal künstlich offenbart
Der hat der Geiger Pfeifer Art
Erfunden und sein Söhn gelehrt
Dadurch die Kunst sich weit gemehrt
Zwo Ursach hab ich itzt genannt
Warum die Music Gott gesandt

Hieraus wird jeder merken wohl
Wie man die Music brauchen soll
Aufs erst zu Gottes Lob und Ehr
Danach dem Leib zu Nutz und Lehr

JOHANN MATTHESON

Ab aeterno in aeternum

Meinesteils bin ich gewiß, daß sogleich im Anfang, da Gott Himmel und Erden erschaffen, ja in dem Augenblick, da das allmächtige *Fiat* erklungen, dem erschaffenen Wesen und Menschen auch die *Music eo ipso* eingeflößet und erteilet worden sei; und zwar vor dem Fall als ein großes Teil seines Glückes und seiner Seligkeit, nach demselben aber als ein sonderliches Geschenk und ungemeines Labsal zur Erleichterung der schweren Arbeit und Sorgen im mühseligen sterblichen, auch zum Vorbilde von jenem ewigen Leben. Man tut ferner gar kein Unrecht mit den Gedanken, daß die Harmonie etwas unerschaffenes und *ab aeterno in aeternum* sei, da ja unsere stärksten Ideen von dem ewigen Leben auf das singende und klingende Lob Gottes, dessen seliges Anschauen und Dienst sich beziehet. (...)

Genug, die Music hat einen göttlichen, himmlischen, gebenedeiten Ursprung, und ist, soweit sie diese Welt angehet, in der selbständigen Natur gegründet. Denn sobald nur der Mensch ans betrübte Tageslicht kommt, kann er den fatalen Verdruß, welchen die Erbsünde ihm schon vorher ankündiget, mit nichts anders hemmen, als etwa mit dem Gesang und Klang seiner Wärterin, worüber er sich endlich zufriedengibt und einschläft. Du lieber Gott! Wer hat doch den kleinen Vögeln das Pfeifen und Zwitschern gelehret, sie sind ja nicht in Pythagoras Schule gewesen. (...)

Ist demnach *primo loco* in Gott selbst, *secundo loco* in der eigentlichen Natur der rechte wahrhafte Ursprung der Music zu finden.

JOHANN ADOLPH SCHEIBE

Aus: *Critischer Musikus*

Es entsteht aber die Neigung zur Musik eigentlich aus der Seele, und ich werde nicht unrecht haben, wenn ich sage, daß in der Seele der erste Grund der Musik zu suchen und zu finden ist. Das höchste Wesen hat, nach seiner unbegreiflichen Weisheit, der Seele vom Anfange her diese süße und entzückende Neigung beigeleget. Es hat dem Menschen nicht nur durch die Liebe zu den Wissenschaften die Göttlichkeit des Verstandes verliehen, sondern es hat ihm auch die Süßigkeit der Musik zu einem zärtlichen Vergnügen mitgeteilet; welches unser Gemüt auf die angenehmste Art zufriedenstellen, unsere Sinnen aber aufs beste rühren und entzücken soll, und welches endlich der Seele selbst zu einem göttlichen Vorschmacke der ewigen Zufriedenheit dienet.

Diese Wahrheit haben alle Völker, von den ersten Zeiten an, erkannt, wiewohl nach gewissen verschiedenen Begriffen, die sie sich von dem höchsten Wesen gemachet hatten. (...)

Unvergleichlicher Zug, der aus einem so göttlichen Ursprunge entsteht! Zärtliche Wirkung eines so reizenden Triebes der Natur, der, so sonderbar auch seine Grundursache ist, so nötig und nützlich auch den vernünftigen Geschöpfen sein muß! Wahrhaftig, die Betrachtung einer so rührenden und wunderswürdigen Sache wird uns allemal bewegen, die Musik so anzuwenden, wie es die erhabenen Absichten ihres vollkommenen Schöpfers erfordern. (...)

Lasset uns von den Absichten der ewigen Weisheit gerührt werden, daß wir durch die uns mitgeteilte göttliche Musik den Ruhm des ewigen Schöpfers erheben, uns selbst edler machen, und durch ihre Anmut die Last unserer Geschäfte versüßen! Unglückliche Menschen, die an einer so edlen Sache keinen Geschmack finden! Und die, durch die Verachtung der Musik, den Ruhm des Schöpfers, die Größe der Natur und ihre eigene vernünftige Seele in unverantwortlicher Weise lästern!

JOHANN GOTTFRIED HERDER

Religion als Ursprung der Musik

Die tiefste Grundlage der heiligen Musik ist wohl der Lobgesang, *Hymnus;* ich möchte sagen, er sei dem Menschen natürlich. Wir finden uns nämlich so ganz umringt von ungeheurer Macht und Übermacht der Schöpfung, daß wir in ihr nur wie Tropfen im Ozean zu schwimmen scheinen; und wenn dies Gefühl über einen Gegenstand oder in einer Situation zur Sprache kommt, was kann es anders, als ein Ausdruck des Seufzers werden: «Ungeheure Macht, erdrücke mich nicht! Hilf mir!» Die wildesten Nationen haben auf solche Weise Anlässe zu Hymnen gezeigt; gesetzt, daß sie solche auch nur an ein mächtiges Tier, an einen ungeheuren Wasserfall oder Fels, an die Nacht, an Sonne, Mond und Sterne gerichtet hätten. Je mehr indes der menschliche Verstand sich sammelt und gleichsam selbst begreift, desto mehr findet er in dieser ungeheuren Macht auch Regeln der Weisheit, einen Gang der Ordnung, der ihm dienen kann und dem er dienen muß, mithin Gesetze der Güte und Milde. Sein Hymnus wird also immer beredter; er erzählt die wohltätigen oder wunderbaren Eigenschaften der großen Schöpfung in Beziehung auf sich selbst und auf andere mit ihm lebende Wesen: Er nennt die Eigenschaften seines angebeteten Gegenstandes mit tausend Namen, deren ganzer Inhalt dieser ist: «Du bist groß; sei auch gut! Schade mir nicht, hilf mir!» Wenn endlich der Geist sich zum höchsten Ideal der Schöpfung, zu Gott, erhebt; ein Meer, in dem alle Vollkommenheiten zusammenfließen; ein Mittelpunkt, aus welchem alle Radien strömen: Was kann ein Wort an ihn sein, wenn es ein Wort sein soll, als Hymnus? «Von Dir, durch Dich, in Dir bin ich; zu Dir gehe ich wieder. Du bist alles, Du hast alles, Du gabst mir alles; gib mir das Edelste, Dir ähnlich zu sein; hilf mir!» Alle Völker, die Gott erkannten, haben in Hymnen solcher Art ihr Herz ausgeschüttet und ihre Vernunft gesammelt; auch in der höchsten Poesie ist der Plan solcher Lobgesänge äußerst einfach. (...)

Nicht aber macht der Hymnus allein den Gottesdienst aus; die menschliche Seele, ein Instrument vieler Tonarten und Saiten, will auch ein sanftes, erbauliches Lied, den Zeugen einer stilleren Freude und leiseren Belehrung; sie will auch in Gefahr und Angst, in Kummer und Sehnsucht ein «Herr, erbarme dich unser», ein klagendes, ängstliches *Miserere*. Für alle diese Gemütszustände und Situationen des Lebens hatten die Psalmen einen reichen Vorrat; und da die Kirche oft in Umstände geriet, in denen sie solcher Angstgebete nötig hatte, so ward dieser Vorrat der Psalmen vielfach gebrauchet. Daher also die Bußpsalmen, die girrende Stimme der Turteltaube in den Höhlen und Steinklüften, die langen, klagenden Litaneien mit dem wiederholten Echo des *Kyrie eleison;* daher die Seufzer um Errettung, die Gesänge der Hoffnung eines andern Lebens. Auf Glaube und Zuversicht war die christliche Kirche gegründet; Glaube und Zuversicht erheben und beflügeln sich am stärksten mit dem Gesange der Andacht. Über den Gräbern der Entschlafenen tönte nicht heidnische Verzweifelung und Furcht vor dem Totenreiche; sondern sanfte Trauer und fröhliche Hoffnung, Hoffnung des Wiedersehens, des ewigen Zusammenlebens miteinander.

Das heilige Geheimnis endlich, das Geheimnis eines der Kirche beiwohnenden, sie erfüllenden, im Sakrament teilhaft werdenden Gottes, wie konnte es anders, als mit Intonationen einer göttlichen Gegenwart und Begeisterung gefeiert werden? Daher die hohen und tiefen Akzente bei Einweihungen und in den Momenten des Wunders. Selbst das christliche Glaubensbekenntnis konnte von der Musik nichts ausgeschlossen sein: Denn es ward ein Gelübde des Herzens auf Leben und Tod über heiligen Gebeinen. Die ganze Idee der christlichen Kirche, daß sie eine einzige, allgemeine, untereinander durch einen Geist verbundene Gemeinde sei, macht an sich schon Gesang, Gebet, Segen, Fürbitte zu einem allgemeinen Opfer, zu einem weltverbreiteten Halleluja.

BRUNO WALTER

Gedanken über den Ursprung
der Musik

Vor zweieinhalb Jahrtausenden verkündete Pythagoras die Lehre von der Harmonie der Sphären. Niemals habe ich diese einem hohen Geist gewordene Offenbarung nur als das phantasievolle Erzeugnis erhabener Imagination aufgefaßt. Ich glaube daran, daß dem großen Menschheitslehrer sich Urtiefen der Natur im Klang eröffneten, daß er – wenn auch nicht mit dem physischen Ohr – die Harmonie der Sphären wirklich vernahm. Seine bedeutenden Einsichten und Lehren auf den Gebieten der Astronomie, der Mathematik, der Physik – verdanken wir ihm doch zum Beispiel eine klare Definition der musikalischen Intervalle – sprechen für den feierlichen Ernst auch jener Lehre. Denn was wir von der geistigen Persönlichkeit, dem Lebensschicksal und den Lehren des Pythagoras wissen, schließt aus, daß seine *Harmonie der Sphären* nur eine aus babylonischen Theorien übernommene, trocken physikalische Intervall-Beziehung zwischen den kreisenden Himmelskörpern bedeuten sollte. Wir brauchen wohl nicht zu bezweifeln, daß Pythagoras, die zentrale Gestalt einer religiösen Gemeinschaft, Verkünder von Unsterblichkeit und Seelenwanderung, wahrhaft vertraut mit den Gestirnen und ihren Bahnen und hingegeben tiefen geistigen Forschungen – wir brauchen wohl nicht zu bezweifeln, daß ein so hoch inspirierter Geist dazu veranlagt war, die Harmonie der Sphären mit dem inneren Ohr zu hören und als seelenbewegendes Geschehen zu erleben. Wenn die Schwingungen jener Urmusik sich keinem physischen Ohr mitteilen konnten, der höher organisierten Natur des Pythagoras dürfen wir die Gabe der Hellhörigkeit für das Ertönen der Sphären wohl zuschreiben. Goethes Prolog zum Faust beginnt mit den Worten:

> Die Sonne tönt nach alter Weise
> In Brudersphären Wettgesang,

und wenn Ariel im zweiten Teil des Faust vom Sonnenaufgang sagt:

> Tönend wird für Geistesohren
> Schon der neue Tag geboren ...

so dürfen wir auch hierin nicht etwa nur poetische Metaphern, sondern gleichfalls die Offenbarungen eines hellhörigen Eindringens in kosmische Vorgänge erkennen.

Der Alltag ist freilich geneigt, solche Erkenntnisse und Bekundungen einer gesteigerten Wahrnehmungsfähigkeit als «schwärmende Einbildungen» abzutun, anstatt die klarere Erleuchtung und die weiteren Horizonte reicher veranlagter Naturen lernbereit und verehrend anzuerkennen. Doch auch der Alltagsnaturen dürfte es nicht allzu viele geben, die unter dem gestirnten Nachthimmel völlig unzugänglich blieben für eine erhabenere Deutung ihrer eigenen Berührtheit von jener Umwelt – ja, ich bin fast sicher, daß eigentlich die Seele jedes nicht gänzlich stumpfen Menschen sich von der Macht des nächtlichen Firmaments in geheimnisvoller, musikhaft harmonischer Weise bewegt fühlt. Vielleicht deutet auch die Verbindung des «gestirnten Himmels über mir» mit dem «moralischen Gesetz in mir» in Kants edlem Wort auf einen Einfluß der Offenbarung des Pythagoras hin.

Der Gedanke einer zwar für das sinnliche Gehör nicht wahrnehmbaren, aber im Kosmos tönenden und waltenden Urmusik, wie sie Pythagoras' und Goethes Geistesohren erklang, ist mir mehr und mehr überzeugend geworden; denn aus solch hohem Ursprung begann ich das Werden und das Wesen unserer Kunst und ihre elementare Macht über des Menschen Seele allmählich tiefer zu begreifen. Als Geschöpf der Natur den Einwirkungen der kosmischen Vorgänge auf alles Irdische unterworfen, mußte der Mensch von früher Menschenkindheit an unter dem Einfluß jener Musik des Universums stehen; sein Organismus schwang in ihren klingenden Vibrationen mit und empfing ihre rhythmischen Impulse. Aus jenen, vom inneren Wesen der Welt kündenden sphärischen Vorgängen und von ihrer Auswirkung auf des Menschen Entwicklung stammt wohl

seine musikalische Grundanlage, die dann – von einem dafür geeig-
neten Reifestadium seiner Sinneswachheit und geistigen Bewußtheit
an – zur musikalischen Äußerung in lebendigem Klang aufblühen
konnte. (...)

Die Entwicklung der Musik von einem elementar Lebendigen zur
Kunst in unserem Sinn hängt eng mit der Seelengeschichte des Menschen zusammen und gewährt vielleicht einen tieferen Einblick in die
Entfaltung seiner inneren Anlagen als seine Fortschritte auf anderen
Kulturgebieten. In dem Werden der Tonkunst, von dem früher erwähnten beginnenden Reifestadium an bis zur Schaffung unserer
großen musikalischen Kunstwerke, offenbaren sich gleicherweise die
schöpferischen Fähigkeiten des Menschen wie der hohe Ursprung
der Musik: Denn nur der schöpferische Mensch vermochte die ele-
mentaren Möglichkeiten der Musik zu solcher Entwicklung zu bringen und sie im Lauf der Jahrhunderte zur ausdrucksmächtigen Seelen-
sprache zu gestalten; und nur aus ursprunghaft transzendenten
Kräften in der Musik läßt sich die entscheidende Anfachung seiner
musikalischen Schaffenstriebe und die Richtung, die dann zu unserer
Musik führen mußte, verstehen. Im Gegensatz zum Bildhauer, der leb-
loses Material zum Kunstwerk formt, hat der Komponist sein Werk
aus lebendigen, immateriellen Tönen zu gestalten, deren wesenseigene
Gesetze seinem Schaffen ihre Impulse mitteilen. So erklingt in dem
Werk der schöpferischen Phantasie des Komponisten zugleich das Ei-
genwesen der Musik als ein überpersönlicher unirdischer Laut, der in
der persönlichen, sich im Irdischen ereignenden Tonsprache unserer
großen Meister mitschwingt und von ihrer hohen Ursprungssphäre
kündet.

Auch Musiker haben für jenes innere Ertönen des Universums
Zeugnis abgelegt. Mit den Worten des Gellertschen Gedichtes «Die
Ehre Gottes in der Natur» bestätigt die elementare Tonsprache
Beethovens, aus der feierliche Überzeugung klingt, die Wahrbotschaft
des frommen Dichters: «Die Himmel rühmen des Ewigen Ehre – *Ihr
Schall* pflanzt seinen Namen fort.» – Ein verwandtes Dichterzeugnis
vom inneren Tönen der Welt hat einen anderen schöpferischen Musi-
ker, Robert Schumann, zu so ahnungsvollem Verstehen erleuchtet,

daß er seiner Zustimmung und Ergriffenheit in der hoch inspirierten Klavierphantasie in C-Dur Ausdruck gegeben hat. Die seltsamen Verse Friedrich Schlegels, denen wir Schumanns tiefes Werk verdanken, und die er ihm als Motto vorangestellt hat, lauten:

> Durch alle Töne tönet
> Im bunten Erdenraum
> Ein leiser Ton gezogen
> Für den, der heimlich lauscht.

Der Dichter kann mit «allen Tönen im bunten Erdenraum» nur die sinnlich hörbaren Laute entweder des menschlichen Treibens oder der irdischen Natur meinen, wie Rauschen des Waldes, Branden des Meeres, Vogelruf, Donner, Sturm und andere Register des Tönenden in der Buntheit des Erdenraumes. Durch all dies elementarische Getön aber vernimmt der «heimlich»-innerlich Lauschende einen Klang aus anderen als den irdischen Sphären. Von lebhaft bewegten Tonstücken an, deren Rhythmen und Melodien den Menschen sogar bis ins Körperliche tänzerisch beschwingen, über das weite Reich der musikalischen Ausdrucksgebiete hin bis zur Verklärtheit eines Brucknerschen langsamen Satzes weist alle schaffende und nachschaffende musikalische Betätigung des Menschen auf ihren Ursprung aus den Sphären der kreisenden Gestirne. So ist unsere Musik, in deren zeitlichem Ertönen ihr ewiges Wesen als Urlaut mitschwingt, nicht nur eine Kunst von bestimmendem Einfluß auf unser kulturelles Leben – sie ist auch eine Botschaft aus außerirdischen Regionen, die uns auf unsere eigene höhere Abkunft mahnend hinweist.

NIKOLAUS HARNONCOURT

Musik und Inspiration

Es muß ein magischer Augenblick gewesen sein, als das erste Lied gesungen wurde, das erste Gedicht gesprochen, das erste Bild gemalt – da kam etwas Neues in die Welt. Nur der Hauch Gottes konnte etwas so Wunderbares und Unvernünftiges wie die Kunst hervorbringen. Die Kunst ist wohl der göttliche Kuß, der den Menschen aus der Schöpfung herausgehoben und eigentlich geschaffen hat. Kunst braucht Inspiration – das heißt ein «Einhauchen». Wie schön dieses Bild den Schöpfungsvorgang andeutet – den Hauch muß man fühlen, annehmen, ausarbeiten. Die Kunst ist es, die den Menschen am weitesten aus allen anderen Lebewesen hervorhebt. Sie macht ihn besser (das haben die Künstler von Anfang an so empfunden), sie ist eine Sprache der Liebe, der Gefühle, sie ist ein Spiegel unserer Seele, läßt uns in die dunklen Abgründe unseres Selbst blicken ebenso wie unvorstellbare Seligkeit ahnen. (…)

Wir Musiker – ja alle Künstler – haben eine machtvolle, heilige Sprache zu verwalten. Wir müssen alles tun, daß sie nicht verlorengeht im Sog der materialistischen Entwicklung. Es ist nicht mehr viel Zeit, wenn es nicht gar schon zu spät ist, denn die Beschränkung auf das Denken und die Sprache der Vernunft, der Logik, und die Faszination durch die damit erzielten Fortschritte in Wissenschaft und Zivilisation entfernen uns immer weiter von unserem eigentlichen Menschentum. Es ist wohl kein Zufall, daß diese Entfernung mit einer Austrocknung des Religiösen Hand in Hand geht: Die Technokratie, der Materialismus und das Wohlstandsdenken brauchen keine Religion, kennen keine Religion, ja nicht einmal eine Moral.

Die Kunst ist eben keine hübsche Zuwaage – sie ist die Nabelschnur, die uns mit dem Göttlichen verbindet, sie garantiert unser Mensch-Sein; aber nur, solange sie im Zentrum unseres Lebens steht. (…)

Zum Abschluß will ich ein Bild, ein Gleichnis sagen: Ich sehe den Menschen, dem Gott in die eine Hand einen Hammer, in die andere eine Geige gelegt hat. Er lebt sehr glücklich, er sieht: Mit dem Hammer kann er seine materiellen Bedürfnisse befriedigen, und er fühlt, daß ihm die Geige eine Welt jenseits der Sprache, jenseits der Logik erschließt, eine Welt, wohin er mit dem Hammer nicht kommen kann – die Geige erst macht ihn zum Menschen. Es gibt aber einen Teufel, der heißt Materialismus, der haßt die Geige; leicht läßt sich der Mensch verführen, der Hammer baut ihm Bequemlichkeit, Luxus, Ordnungssysteme. Er verlernt zu spielen und zu geigen, er vergißt das Gottesgeschenk der Kunst ... und am Ende sitzt er zwischen seinen Computern, weiß, wie es auf dem Mars und im Innern eines Atoms aussieht – aber er ist kein Mensch mehr, ohne Geige.

Wirkmächtige Musik

JOHANNES CHRYSOSTOMUS

Weshalb die Psalmen erfunden wurden

Zunächst muß gesagt werden, weshalb der Psalm in unser Leben eingeführt wurde und diese Prophetie hauptsächlich mit Gesang vorgetragen werden soll. Gott sah, daß viele Menschen beschränkt seien und weder gerne geistiger Lektüre nähertreten noch die damit verbundene Mühe auf sich nehmen. Um diese Arbeit zu erleichtern, ja einer derartigen Empfindung zuvorzukommen, umkleidete er diese Prophetie mit der Melodie, damit alle Sänger, durch den Vortrag des Gesanges erfreut, ihm mit Begeisterung die heiligen Hymnen darbrächten. Denn nichts erhebt die Seele auf ähnliche Weise, nichts beflügelt sie so, befreit sie vom Irdischen, löst sie von den Körperfesseln, gibt ihr Liebe zur Weisheit ein und läßt sie alle dem irdischen Sein gehörigen Dinge spöttisch mißachten, wie der melodische Gesang und der auf der Zahl beruhende Bau heiliger Hymnen. Unsere besondere Natur ergötzt sich so sehr an Gesängen und Liedern, daß sogar die Kinder an der Mutterbrust zur Ruhe gebracht werden, wenn sie weinen und unruhig sind. Tatsächlich wiegen die Ammen sie in den Schlaf, indem sie ihnen beim Auf- und Abgehen gewisse Kinderlieder vorsingen. Auch Fußgänger, die um die Mittagszeit Zugtiere antreiben, tun dies singend und suchen die Tiere so über die Mühe des Weges hinwegzutrösten. Doch nicht bloß Wanderer, sondern auch die Bauern, die beim Winzern Trauben in der Kelter treten, an den Rebstöcken arbeiten oder irgendeine andere Arbeit verrichten, singen oft. Auch die Seeleute tun dies beim Rudern, ja sogar webende Frauen … Da nun diese Art von Ergötzung unserer Seele in hohem Maße angeboren ist, hat Gott, um zu verhüten, daß böse Geister unzüchtige und schändliche Lieder einführten, diesen die Psalmen entgegengestellt, damit daraus mit einem Male sowohl Vergnügen wie Nutzen gewonnen würde. Denn aus weltlichen Liedern erwachsen Verderben, Tod und viel schwerwiegendes Unheil; was in diesen Liedern unzüchtig und maßlos ist, bemächtigt sich der Seelenglieder und macht diese schwach und weiblich. Aus den geistlichen Psalmen jedoch fließt höchster Gewinn, größter Nutzen, vollkommenste Heiligung und der Beginn allen geistigen Höherstrebens, da das Psalmenwort die Seele kathartisch reinigt und der heilige Geist flugs in die Seele des Sängers einkehrt. Denn die mit Vernunft singen, rufen die Gnade des heiligen Geistes herbei.

AUGUSTINUS

Aus: Bekenntnisse

Die Freuden des Gehörs hatten mich fester umstrickt und ins Joch gebeugt, aber Du hast mich los und frei gemacht. Noch heute, ich gesteh es, kann ich an den Weisen, die von Deinen Worten durchseelt sind, gern mich ein wenig verruhen, wenn sie von angenehmer, künstlerischer Stimmer gesungen werden; nicht als ob ich mich daran verlöre, – ich kann mich darüber erheben, wann immer ich es will. Gleichwohl, da sie eben durch die Wortgedanken, die ihr Leben ausmachen, um den Eingang in mich werben, beanspruchen sie in meinem Herzen einen Platz nach ihrer beträchtlichen Würde, und es fällt mir nicht leicht, ihnen den gemäßen einzuräumen. Mitunter will mir scheinen, ich gäbe den Melodien doch mehr Ehre, als ihnen gebührt. Wohl fühle ich, daß die heiligen Worte selber, so gesungen, unser Gemüt inniger und lebhafter in der Flamme der Andacht bewegen, als wenn sie nicht so gesungen würden: finden doch alle Regungen unseres Geistes je nach ihrer besonderen Art auch in Stimme und Gesang ihren eigentümlichen Ausdruck, und ich weiß nicht, durch welch geheimnisvolle Verwandtschaft er den Stimmungen entsprechend hervorkommt. Aber meine Sinnesfreude, der sich der Geist doch nicht zur Verweichlichung ergeben darf, hintergeht mich oft: Statt daß der empfindende Sinn sich der Vernunft als Begleiter anschlösse, um geruhig ihr zu folgen, da er doch nur ihretwegen verdient dabeizusein, nimmt er sich heraus, ihr voranzugehen und sie auf seinen Weg zu bringen. So sündige ich hierin ohne Gefühl der Sünde, danach aber fühl' ich es: Sünde!

Manchmal aber, übermäßig auf der Hut vor diesem Trugspiel, fehle ich durch allzugroße Strenge, bisweilen doch so sehr, daß ich all den Wohlklang der köstlichen Weisen, in denen die Psalmen Davids feierlich gesungen werden, von meinem und selbst der Kirche Ohr am liebsten verbannt wüßte. Dann erscheint mir das Verfahren des Bischofs Athanasius von Alexandrien für unbedenklicher: Er ließ, wie mir oft erzählt wurde – ich erinnere mich –, den Psalmenlektor mit so gelindem Auf und Ab der Stimme vortragen, daß es mehr einem getragenen Lesen als einem Singen glich. Dennoch, wenn ich meiner Tränen gedenke, die ich damals, in der ersten Zeit meiner Rückkehr zum Glauben, bei den Gesängen Deiner Kirche vergossen habe, und wenn es doch auch heute nicht die Melodien sind, die mich bewegen, sondern die gesungenen Worte, wenn sie mit reiner Stimme im gehörigen Tonfluß gesungen werden, dann ersehe ich wiederum auch den großen Segen dieser Einrichtung.

So schwanke ich hin und her zwischen der Gefahr der Sinneslust und dem Erlebnis heilsamer Wirkung, aber ich neige, ohne freilich ein unwiderrufliches Urteil auszusprechen, mehr dahin, den Brauch des Singens in der Kirche gutzuheißen: Es sollen die Freuden des Gehörs dem unstarken Gemüt zur höheren Seelenbewegung der Andacht verhelfen. Freilich, wenn es mir geschieht, daß mich das Singen mehr bewegt als das gesungene Wort, so ist es, ich bekenne, meine sträfliche Sünde, und ich möchte dann lieber gar nicht singen hören. So ist das jetzt mit mir! Weint mit mir, weinet zu Gott für mich, die ihr im Innern um irgend Gutes mit euch zu Rate geht, woraus denn auch solches Handeln hervorgeht; denn euch andere wird so was gar nicht bewegen. Du aber, Herr, mein Gott, höre und schau auf mich, sieh doch und hab' Erbarmen und heile mich. Unter dem Blick Deiner Augen bin ich mir zur Frage geworden, und das ist mein Elend.

FRANCISCUS VENETUS

Die beste Harmonie

Der gereinigte und ins Maß gestimmte Mensch verlangt danach, mit seinen gestimmten Instrumenten schönklingende Weisen zu erzeugen. Aber gleich zu Beginn fühlt er ein Hindernis; weil, nach Platon, unsere Seele von Gott kommt und in den Leib eingeschlossen ist und deshalb einen Mißklang erleidet. Ihn aufzuheben ist uns die Harmonie von den Musen geschenkt: Sie bewirken, daß die Bewegungen unserer Seele übereinstimmend und gleichartig werden, wenn nur der Mensch mit ihnen recht umgeht und die verwandten Tugenden eifrig pflegt. Das erläutert Chalcidius: Nach harmonischer Ordnung hat der Schöpfer in der Höhe die Seele geschaffen und hat bestimmt, daß alle ihre Regungen in Rhythmen und Weisen bestehen; aber sie hat sich daran gewöhnt, dies zu versäumen, weil sie mit dem Leib verbunden ist, den sie aus Notwendigkeit bewohnen muß; daher müssen die Seelen der meisten Menschen unmelodisch werden. Deshalb hat er zur Heilung dieses Gebrechens die Musik bestimmt; aber nicht die Musik, an der das gemeine Volk seine Freude hat, die zur Lust lockt und oft zu Lastern, sondern jene göttliche, die nie von der Einsicht sich trennt. Denn von ihr glaubt Platon, sie führe die vom rechten Weg abgewichenen Seelen wieder zur alten Harmonie zurück. Die beste Harmonie aber gründet sich auf unsere Sittlichkeit, und auf die Gerechtigkeit, die alle anderen Tugenden recht aufeinander abstimmt, durch die die übrigen Tugenden jede für sich ihre eigene Bestimmung und Leistung erfüllen, so daß die Vernunft ihre Führerin ist und die innerste Lebens- und Willenskraft nur so wie der Zorn, nämlich als dienstbarer Helfer der Vernunft, wirken kann. Ohne Rhythmus und Melodie aber kann dies nicht geschehen. Rhythmus und Melodie aber verlangen notwendig nach Harmonie. Die Harmonie selbst aber ist ihrem Wesen nach hohes Wissen und der Zusammenklang der Tugenden, als Schmuck der Seele und als einsichtsvoller Mahner, zur ursprünglichen Beschaffenheit zurückzufinden, und am Ende macht er die Seele wieder zu dem, wozu sie am Beginn Gott der Schöpfer geschaffen hatte, nämlich daß sie in Tugenden erklinge. Diese sind zwar vier an der Zahl, aber sie werden doch alle so zusammenstimmend erfunden wie die Saiten einer Laute. Von ihnen sind einige tief und dunkel, einige in der Mittellage, einige hoch und hell. Denn Tugenden sind alle Wirkungen, die von einem wohl besaiteten Instrument ausgehen, wie der Mensch es ist, und von ihm tragen sie ihre Namen.

MARSILIO FICINO

Medizin heilt den Leib, Musik den Geist, Theologie die Seele

Gleich nachdem Dein Dreitagefieber durch unsere Arzneien ausgetrieben war, hast Du zusammen mit Johannes Aurelius unsere Akademie gleichsam als Deinen Arzt begrüßt und Saitenspiel und Liedersang von uns erbeten und erhalten. Dann hast Du viel in meiner *Platonischen Theologie* geblättert und gelesen. Bitte wundere Dich nicht, lieber Franciscus, daß ich von der Medizin und von der Musik in einem Atem mit der Theologie rede. Du bist ja ein eifriger Philosoph und weißt deshalb, daß von Natur in uns Leib und Geist mit der Seele vereint sind. Nun wird der Leib durch Heilmittel der Medizin geheilt, der Lebensgeist aber, der eine ätherische Ausdünstung des Blutes ist und gleichsam die Verknüpfung der Seele mit dem Körper, wird auch durch ätherische Düfte, Klänge und Gesänge recht gestimmt und genährt. Die Seele aber, die göttlicher Art ist, wird durch die göttlichen Geheimnisse der Gottesgelehrsamkeit geläutert. Naturgemäß ist jedes Wesen aus Seele, Körper und Geist zusammengesetzt. Bei den ägyptischen Priestern war es ein und derselbe Stand, der sich mit Arzneien, Saitenspiel und Mysterien befaßte. Könnten wir doch auch diese naturgegebene und den Ägyptern vertraute dreifache Fähigkeit mit solchem Glück erreichen, wie wir sie beharrlich und freudig anstreben!

JOHANNES TINCTORIS

Wirkung der Musik

1. Die Musik erfreut Gott.
2. Die Musik schmückt das Lob Gottes.
3. Die Musik vergrößert die Freuden der Seligen.
4. Die Musik gleicht die streitende Kirche der triumphierenden an.
5. Die Musik bereitet auf den Empfang der Segnung des Herrn vor.
6. Die Musik erweckt die Herzen zur Frömmigkeit.
7. Die Musik vertreibt die Traurigkeit.
8. Die Musik löst die Härte des Herzens.
9. Die Musik vertreibt den Teufel.
10. Die Musik bewirkt die Ekstase.
11. Die Musik erhebt den irdischen Geist.
12. Die Musik hält den bösen Willen zurück.
13. Die Musik erfreut die Menschen.
14. Die Musik heilt die Kranken.
15. Die Musik erleichtert die Mühen der Arbeit.
16. Die Musik stachelt den Mut zum Kampfe an.
17. Die Musik lockt die Liebe an.
18. Die Musik vermehrt die Annehmlichkeit des Mahles.
19. Die Musik macht die in ihr Erfahrenen berühmt.
20. Die Musik führt die Menschen zur Glückseligkeit.

MARTIN LUTHER

Περὶ τῆς μουσικῆς – *Über die Musik*

Ich liebe die Musik,
– und die Musik verdammenden Schwärmer gefallen mir nicht –,

weil

1. sie eine Gabe Gottes und nicht der Menschen ist,
2. sie die Seelen froh macht
3. sie den Teufel verjagt
4. sie unschuldige Freude bereitet.

Nach der Theologie räume ich der Musik den nächsten Platz ein. Dies zeigt das Beispiel Davids und aller Propheten, die alles Ihrige in Versen und Gesängen überliefert haben.

5. weil sie in Friedenszeiten regiert.

Haltet also aus, und es wird besser um diese Kunst nach uns bestellt sein, weil sie (die Künste) des Friedens sind.

Die Fürsten von Bayern lobe ich deshalb, weil sie die Musik verehren. Bei uns Sachsen werden Waffen und Kanonen gepredigt.

MARTIN LUTHER

Vorrede des heiligen, teuren Mannes Gottes, Doktor Martin Luther, von der himmlischen Kunst Musica

Allen Liebhabern der freien Kunst Musica wünsch ich, Doktor Martin Luther, Gnad und Fried von Gott dem Vater und unserm Herrn Jesu Christ.

Ich wollt von Herzen gerne diese schöne und tröstliche Gabe Gottes, die freie Kunst der Musica, hoch loben und preisen. (...)

Nun sollte ich auch von dieser edlen Kunst Nutz sagen, welcher also groß ist, daß ihn keiner, er sei so beredt, als er wolle, gnugsam erzählen mag. Das eine kann ich itzt anzeigen, welchs auch die Erfahrung bezeuget, daß nach dem heiligen Wort Gottes nichts nicht so billig und so hoch zu rühmen und zu loben, als eben die Musica, nämlich aus der Ursach, daß sie allen Bewegungen des menschlichen

Herzens (denn von den unvernünftigen Tieren will ich itzt nichts sagen) eine Regiererin, mächtig und gewaltig ist, durch welche doch oftmals die Menschen, gleich als von ihrem Herrn, regiert und überwunden werden.

Denn nichts auf Erden kräftiger ist, die Traurigen fröhlich, die Fröhlichen traurig, die Verzagten herzenhaftig zu machen, die Hoffärtigen zur Demut zu reizen, die hitzige und übermäßige Liebe zu stillen und dämpfen, den Neid und Haß zu mindern. Und wer kann alle Bewegungen des menschlichen Herzens, welche die Leute regiern, und entweder zu Tugend oder zu Laster reizen und treiben, erzählen. Dieselbige Bewegung des Gemüts im Zaum zu halten und zu regieren, sage ich, ist nichts kräftiger denn die Musica. (...) Was soll ich aber viel sagen. Es ist die Sach und der Nutz dieser edlen Kunst viel größer und reicher, denn daß es also in einer Kürze möge erzählt werden. Darum will ich jedermann, und sonderlich den jungen Leuten, diese Kunst befohlen und sie hiermit vermahnet haben, daß sie ihnen diese köstliche, nützliche und fröhliche Kreatur Gottes teuer, lieb und wert sein lassen, durch welche Kenntnis und fleißige Übung sie zuzeiten böse Gedanken vertreiben und auch böse Gesellschaft und andere Untugend vermeiden können.

MARTIN LUTHER

Aus, Teufel!

Darum, wenn Ihr traurig seid, und es will überhandnehmen, so sprecht: Auf! Ich muß unserm Herrn Christo ein Lied schlagen auf dem Regal (es sei *Te Deum laudamus* oder *Benedictus etc.*); denn die Schrift lehret mich, er höre gern fröhlichen Gesang und Saitenspiel. Und greift frisch in die Claves und singet drein, bis die Gedanken vergehen, wie David und Elisäus taten. Kommet der Teufel wieder und gibt Euch eine Sorge oder traurige Gedanken ein, so wehret Euch frisch und sprecht: Aus, Teufel, ich muß itzt meinem Herrn Christo singen und spielen.

JOHANN WALTER

Nutzen der Musik

Die Music Freud dem Menschen bringt
All Traurigkeit vom Herzen dringt
Sie erweckt das Herz zur Andacht
Das oft im Geist vor Freude lacht
Sie macht das Herz zu Gott geschickt
Daß sich's an Gottes Wort verstrickt
Sie gibt dem Menschen starken Mut
Bei allem Vieh sie Wunder tut
Sie macht das Pferd des Muts so voll
Daß sie sich stelln als wär'n sie toll
Sie weidt die Schäflein sanft und wohl
Sie macht die Arbeit leicht und hohl
Das zornig Herz mit Gwalt sie zwingt
Gar süß sie in den Ohren klingt
Solch Tugend hat sie ohne Zahl
Sie ist ein Arzt in Leid und Qual

JOHANN SEBASTIAN BACH

Vom Sinn und Zweck der Musik

Dem höchsten Gott allein zu Ehren,
Dem Nächsten, draus sich zu belehren.

Bei einer andächtigen Musik ist allezeit Gott mit seiner Gnaden-Gegenwart.

PHILIPP CHRISTOPH HARTUNG

Aus: *Musicus Theoretico Practicus,*
Cap. XXVIII

§ 460 Die Gemüter der Menschen sind zweierlei: Denn sie sind entweder in einer von Gott selbst ihnen geschenkten und fortgewirkten guten Ordnung und Bewegung; oder sie sind in einer wüsten Unordnung und bösen Bewegung. Wir wollen beide Arten dieser Gemüter besonders betrachten.

§ 461 Das recht geordnete Gemüt hat entweder eine ruhende, sanfte, zugleich aber empfindliche geistliche Lieblichkeit in sich oder es hat eine geistliche erhabene, muntere empfindliche Lieblichkeit.

§ 466 Äußerliche unsündliche Ergötzungen der Sinnen, besonders die Music, haben einige Änlichkeit mit der innern geistlichen Ergötzung der Seelen. Wann nun solche äußerliche Lieblichkeit der Seelen eine Gelegenheit wird, sich der innern Lieblichkeit zu erinnern, so wird das Gemüt die Music-Ergötzung gerne haben.

§ 467 Ich nenne das, was die Music als Music an der geheiligten Seele tut, nur eine Gelegenheit, weil in das innerste des geheiligten Herzens keine andere Wirkung kommen kann, als die der Geist Gottes durch die ordentlichen Gnaden-Mittel darinnen vornimmt: Sonst würden wir der Schrift widersprechen und, mit Behauptung einer Wirkung der Music in das innerste der Seelen, die Music über ihre Gebühr erheben.

§ 468 Die Music ergötzet also zwar das Herz. Aber unmittelbar nur diejenigen Kräfte des Herzens, die der Mensch in seiner Gewalt hat. Mittelbar ergötzt die Music das Innerste der Seelen, wenn der Geist Gottes, der allzeit im Frommen geschäftig ist, das Herz bei Gelegenheit des äußerlichen Gefühls der irdischen Music-Schönheit an die inwendige geistliche Freude erinnert und diese selbst bewegt.

§ 469 Hat aber die Music einen geistlichen Text, so ist dieser, wenn er orthodox ist und deutlich gesungen wird, schon für sich kräftig und wirkend. Ohne Music ist schon ein Wort des Herrn dem geheiligten Herzen eine innige Freude und Trost. Mit Music ist dies Wort eine süß eingehende Freude und Trost des an seine Lieblichkeit erinnerten Herzens.

§ 470 Wenn die Music keinen orthodoxen Text hat oder sonsten üppig ist: So wendet das rechtschaffene Herz sich davon ab und Gott gibt Gnade, daß ihm das schönste an dieser Music greulich und häßlich vorkommt, damit es nicht bestrickt werden möge.

§ 471 Hat eine geistliche oder andere indifferente Music als Music nichts Schönes: So wird einen Frommen nicht verdacht werden, daß er gegen diese Music gleichgültig und unbewegt bleibe.

§ 472 Wenn das Gemüt in einem sehr großen Grad der Niedergeschlagenheit sich befindet, wie bei manchem Angefochtenen, oder wenn sich das Gemüt in einem sehr hohen Grad der geistlichen Freude befindet: So lehret die Erfahrung, daß die Music, wenn sie auch die größte Ähnlichkeit mit dem innern Seelen-Zustand hat, nicht viel oder gar nichts tun will. Denn entweder ist das Gehör, wie auch andere äußere Sinnen in einer Zerstörung oder die geringste Music-Schönheit ist dem Angefochtenen zu lieblich oder die größte Music-Schönheit ist dem Erfreuten zu schlecht. Überhaupt davon zu reden: Gott hat seine Stunden, in denen er die Music-Schönheit unwirksam sein lässet.

§ 473 Oft sind die Komponisten Schuld, daß das Herz keine Lieblichkeit aus der Music empfindet. Zum Exempel: Wenn einer die geistliche Freude zu erwecken die Stimmen also setzet, als ob insonderheit die Sänger sich vor lauter geistlicher Freude zu Tod lachen wollten. Eine muntere Empfindung geistlicher Freude ist kein solch lachend und zapplendes Wesen im Herzen: Darum ergötzt eine geistliche Lach-Music, wenigstens die Sing-Stimmen dieser Music, eine fromme Seele nicht.

§ 474 Wenn jemand geistliche oder andere Traurigkeit vorstellen, und die wüst dissonierend-folgende Harmonien oder Melodien, überhaupt musikalische Unschönheiten, dazu nehmen wollte: So würde er nichts Gutes damit machen. Denn die Ordnung und Schönheit kommt auch der betrübtesten Seelen nicht aus dem Inwendigsten weg. Daher muß auch Ordnung und Schönheit an der Music, die dem Seelen-Zustand ähnlich sein soll, nicht unerkennbar sein.

§ 475 Nun kommen wir auf die Gemüter, welche in einer wilden Zerstörung und Unordnung sind. Bei diesen ist entweder eine empfindliche Niedergeschlagenheit und Unzufriedenheit oder eine empfindlich erhabene Frechheit.

§ 476 Was dieser Unordnung und Empfindung entweder der Niedergeschlagenheit oder der Verwegenheit in etwas ähnlich kommt, das ist dem zerstörten Menschen angenehm.

§ 477 Manch unordentliches Gemüt ist so *attent* auf die Music, daß wegen seiner natürlichen Leichtsinnigkeit die äußersten und in seiner Gewalt stehenden Gemüts-Kräften durch die Music wohl bis zum Weinen bewegt werden. Welchen Effekt, wenn er gleich nicht so groß wäre, wir eine Sammlung des Gemüts von der größten Zerstreuung nennen mögen.

§ 478 Hat die Music einen geistlichen Text, so ist zwar dieser vermögend, auch ohne Music den unartigen Menschen aufzuwecken, und zu bewegen. Desto bequemer aber macht es Gott dem unartigen Menschen, wenn er erst die ärgste Zerstreuung durch die Music hinwegschafft und eine *Attention* durch die Music auf den Text beibringt, damit er danach den innersten bösen Grund des Herzens, den auch die beweglichste Music als Music nicht zu bewegen vermag, selbst angreife und durch das mit äußerlicher Lieblichkeit verstandene Wort seinen Geist an dem Herzen arbeiten lasse.

§ 479 Wenn ein unzufriedener böser Mensch etwas Trauriges in der Kirche musizieren hört, so hat er darüber eine heimliche Freude, ob er es gleich nicht meinet oder es keine Freude nennet. Wenn ein frecher Lüstling etwas Munteres in der Kirche musizieren höret, so freuet es ihn. Beiden aber ist das Gegenteil verdrießlich: nämlich jenem die fröhliche, diesem die traurige Music-Schönheit.

§ 480 Daher mag es leicht geschehen, daß einer die Music tadelt, die der andere lobt: Ob sie schon sonst alle beide Kenner und Liebhaber der schönen Music sind und ihren eitlen Wohlgefallen daran suchen.

§ 481 Weil die Music aber, wenn sie sich erstlich nach dem Zustand des unordentlichen Menschen mit einer unschuldigen Ähnlichkeit richtet, dessen Gemüt fassen und ihn nach und nach dahin bringen kann, daß er indessen, ehe er den Geist Gottes in das Herz lässet, die empfindlichste Wut seines wilden Wesens hemmet, so wäre zu wünschen, daß dem Unzufriedenen erst eine recht traurige, danach immer munterere Music könnte gemacht, und also ihm unvermerkt sein Gemüt in etwas geordnet werden. Gleichwie ebenfalls dem Überlustigen eine zuerst fröhliche, danach immer sittsamere und ruhigere schöne Music zur einstweiligen Bezähmung seines wildesten Wesens zu wünschen wäre.

JOHANN MATTHESON

Definition der Musik

Die rechte gründliche Beschreibung der Music, daran nichts mangelt und nichts überflüssig ist, möchte demnach also lauten:

Musica ist eine Wissenschaft und Kunst, geschickte und angenehme Klänge klüglich zu stellen, richtig aneinander zu fügen und lieblich heraus zu bringen, damit durch ihren Wohllaut Gottes Ehre und alle Tugenden befördert werden.

JOHANN MATTHESON

Wirkung der Musik

Die Music ziehet den Gottlosen – ja selbst den Gottlosen – zum Tempel; sein Ohr, das von andern Lehren verstopft ist, öffnet sich doch den durchdringenden Klängen; bald rühren lauter donnernde Akkorde, welche die Lüfte zitternd trennen, einen solchen unheiligen Menschen, erfüllen ihn mit Furcht und Entsetzen. Die strenge Harmonie stellet ihm einen lebendigen, schrecklichen, unvermeidlichen Gott vor, der mit flammender Hand, auf den Flügeln des

Ungewitters tönend herabfährt, vor welchem tödliche Blitze herfliegen, und dem der Todesengel auf dem Fuße nacheilet. In den dräuenden Tönen vernimmt der Gottlose die fürchterliche Annäherung seines Richters, das Rasseln seiner feurigen Wagen, den Sturz-Fall der lodernden Pechströme, die Abscheulichkeit des schwarzen Abgrundes und das unwiderrufliche Urteil seiner Verdammnis. Bald weiß hingegen eine sanftere und erquickende Zusammenstimmung seinem Herzen die Bangigkeit wiederum zu nehmen und ein neues Vertrauen zu erwecken: Da wird demselben gleichsam in einer Blumen-Wolke der Vater aller Güte vorgestellet, der bereit zu vergeben ist, sofern der Sünder nur seufzen und mit Asche auf dem Haupte durch seine Buß-Tränen das Feuer der sonst ewigen Rache löschen kann.

ZWEI LIEDER AUS DEM AUGSBURGER TAFELKONFECT

Von der Music, ein Zeichen der Seligkeit

Ist etwas so mächtig die Herzen zu g'winnen
Zu binden und fesseln die menschlichen Sinnen
So ist es die Music, wird diese gehört
Bewegt sie die Höllen, den Himmel und Erd.

Die Music kann trösten, wenn Kummer dich plaget
Die Music den Durst und den Hunger verjaget
Was traurig, erheitert der schöne Gesang
Was bitter, versüßet der liebliche Klang.

Bei Fürsten und Herren die Music florieret
Bei König und Kaiser die Tafel bezieret
Wann Mücken und Grillen sich melden oft an
Mit Music die Stunden verkürzen man kann.

Die Music in Kirchen die Andacht vermehret
Viel steinharte Herzen zum Büßen bekehret
Der Gottsdienst wird hurtig und fröhlich vollbracht
Wo zierliche Music die Lust dazu macht.

Der nicht durch die Music beweget kann werden
Ist einmal nicht würdig zu leben auf Erden
Wenn einem die Music nicht mißfällig ist
Ein Zeichen versicherter Seligkeit ist.

Von der edlen Music

Der hat vergeben
Das ewig Leben
Der nicht die Music liebt
Und sich beständig übt
In diesem Spiel
Wer hier auf Erden
Will selig werden
Der kann erreichen hie
Durch Music ohne Müh
Sein letztes Ziel.
Es gibt der höchste Gott
Den Engeln dies Gebot
Es singe Cherubim,
Es singe Seraphim,
Der Engel viel.

Wann d'Kloster-Frauen
In d'Freiheit schauen
Macht etwa Einsamkeit
Schmerzloses Herzenleid

Sie wär gern frei
Kann doch nicht fliehen
In d'Freiheit ziehen
Dieweil sie ihr Gelübd
Und klösterliche Pflicht
Will halten treu
Gedenk o keusche Schar
Wenn d'schwebst in solcher G'fahr
Es kann ein Instrument,
Machen aus dem Konvent,
Ein Himmelreich.

Trinken und Essen
Wär gleich vergessen
Wo ei'm die Music nit
Mächt neuern Appetit,
Zum Tractament,
Fürsten und Herren
Sie höchstens ehren
Es muß beim kühlen Wein
Auch jezuweilen sein
Ein Instrument,
Ein solche Harmonie,
Taugt zu der Compagnie,
Das Herz vor Freuden lacht
Wann sie den Anfang macht
Und auch das End.

's Kind in der Wiegen
Läßt sich vergnügen
Wann d'Mutter voller Freud
Eia popeia schreit
Es weint nicht mehr
Der Kranke fühlet
Wenn man aufspielet

Viel Trost in seinem Herz
Und wann auch gleich der Schmerz
Noch größer wär
Vergisset seine Pein
Bild ihm den Himmel ein
Er fahrt mit Freuden aus
Weil ihn der Toden-Graus
Nicht schreckt so sehr.

JOHANN GOTTFRIED HERDER

Gewalt der Tonkunst

Wenn tauber Schmerz die Seele nagt,
Und öder Nebel sie umfängt,
Und bangend sie nach Troste fragt,
Und stets in sich zurück sich drängt;
Musik mit einem Himmelsschall,
Hebt sie empor vom Nebeltal.

Wenn unser Herz in Freude schwimmt,
Und sich in Freude bald verliert;
Musik das Herz voll Taumel nimmt,
Und sanft in sich zurück es führt,
Verschmelzt es sanft in Lieb und Pein
Und läßts vor Gott im Himmel sein.

Im Himmel labt der Töne Trank
Den Durst der Pilger dieser Zeit.
Im Himmel kränzet Lobgesang
Mit Kränzen der Unsterblichkeit;
Die Sterne dort im Jubelgang
Frohlocken einen Lobgesang.

O Himmelsgab? o Labetrank!
Dem matten Waller dieser Zeit,
Geschenk, das aus der Höhe sank,
Zu lindern unser Erdenleid,
Sei, wenn mein Schifflein sich verirrt,
Mir, was der Stern dem Schiffer wird.

JOHANN FRIEDRICH HUGO DALBERG

Zauber der Musik

Nie empfand ich den Zauber der Musik mehr, als am gestrigen
Abend; Krankheit und finstere Melancholie hatten sich meiner be-
meistert; ich versuchte alles, sie zu verscheuchen, vergebens, – sie
kam in tausend Gestalten wieder vor; ich ging an das Klavier und
präludierte trauervolle Töne. – Da lag auf einmal, wie von einem
Engel gesandt, Pergolesis *Salve Regina* vor mir; ich sang es, und das
himmlische «O dulcis, o pia» erfüllte meine Seele mit einem so hohen
Gefühl von Andacht und sanfter Wehmut, daß ich in Tränen zer-
schmolz. Es ward mir leichter, die gespannten Fiebern ließen nach,
ich sank in eine erquickende Ruhe, nicht heiter, aber wohl ward mir's.
Ich verließ das Klavier, legte mich auf mein Ruhebett, und dachte den
mannigfachen, schnell veränderten Zuständen meiner Seele nach.

Da umschwebte der Genius der Harmonie mein Lager und lispelte
mir Ahndungen aus den hohen Mysterien der geistigen Tonkunst zu.

Nie hatte ich einen himmlischeren Genuß! Wie der Blick beim
Schmelzen des lichthellen Silbers stand er, und verschwand. – Es war
ein Traum; mir schwebt nur noch, wie durch einen Nebel, die Rück-
erinnerung davon vor.

Der irdische Schleier entfiel meinen Augen, ich verließ die Erde,
und schwebte plötzlich im unermeßlichen Raume des Weltalls. Sonnen, Planeten, Gestirne um mich, unzählbar, in unbeschreiblicher
Schönheit; welcher Zauber erfüllte mein Ohr! In oft geahndeten, dem

Menschen zu reinen Melodien rollten die Sphären den erhabensten Gesang – die größte Einheit in der reichsten Mannigfaltigkeit nur hörbar einem geistigen Ohre. Zwar hat längst der göttliche Pythagoras die Gesetze ihrer Zahlen berechnet, und die irdische Harmonie aus der himmlischen entwickelt, aber seine Zahlen sind nur die Hülle der geistigen Töne, sie geben dem Ohre keinen Wohllaut, der Geist in dem irdischen Kerker vermag sie nicht zu hören.

Doch nicht die Körperwelt allein, und was der Raum einschließt, sprach der Genius, bewegt sich nach den Gesetzen der himmlischen Harmonie, auch das Reich der Geister macht eine vollkommene Musik, deren eigentlicher Ton und Einklang Gott selbst ist. Alle Seelen sind Teile dieser ewigen Symphonie, alle bewegen sich nach einer ihnen vorgeschriebenen zweckmäßigen Melodie, jedes ist ein Ganzes, jedes zugleich Teil eines größeren Ganzen, und alle die unendlichen Teile bilden den großen Chor der Schöpfung, der in ewigen Lobgesängen der Gottheit huldigt.

Ließ es unsere beschränkte Sinnlichkeit zu, in das Reich der Geister zu blicken, wir würden erstaunen, wie bestimmt sie den harmonischen Gesetzen folgen, wir würden sehen, daß unsere irdische Musik nur Bild, Hülle, Emblem der ewig-geistigen ist.

In allen Verhältnissen des Menschen zum Universum, zu Gott, zur Gesellschaft, zu sich selbst, oder seiner inneren Natur handelt er nach Gesetzen der Tonkunst.

JOHANN FRIEDRICH ROCHLITZ

Eine Anekdote aus Mozarts Leben

Das Gespräch über Kirchenmusik war allgemeiner und ernsthafter geworden. Unersetzlicher Schade, sagte einer, daß es so vielen großen Musikern, besonders der vorigen Zeit, ergangen ist, wie den alten Malern; daß sie nämlich ihre ungeheuren Kräfte auf meistens nicht nur unfruchtbare, sondern auch geisttötende Sujets der Kirche wenden mußten – Ganz umgestimmt und trübe wendete sich Mozart hier zu den andern, und sagte – dem Sinne nach, obschon nicht auf diese Weise: Das ist mir auch einmal wieder so ein Kunstgeschwätz! Bei euch aufgeklärten Protestanten, wie ihr euch nennt, wenn ihr eure Religion im Kopfe habt – kann etwas Wahres darin sein; das weiß ich nicht. Aber bei uns ist das anders. Ihr fühlt gar nicht, was das will: «Agnus Dei, qui tollis peccata mundi, dona nobis pacem» und dergleichen. Aber wenn man von frühester Kindheit, wie ich, in das mystische Heiligtum unsrer Religion eingeführt ist; wenn man da, als man noch nicht wußte, wo man mit seinen dunklen, aber drängenden Gefühlen hinsolle, in voller Inbrunst des Herzens seinen Gottesdienst abwartete, ohne eigentlich zu wissen, was man wollte, und leichter und erhoben daraus wegging, ohne eigentlich zu wissen, was man gehabt habe; wenn man die glücklich pries, die unter dem rührenden *Agnus Dei* hinknieten und das Abendmahl empfingen, und beim Empfang die Musik in sanfter Freude aus dem Herzen der Knienden sprach: «Benedictus qui venit» etc. dann ist's anders. Nun ja, das gehet freilich dann durch das Leben in der Welt verloren: Aber – wenigstens ist's mir so – wenn man nun die tausendmal gehörten Worte nochmals vornimmt, sie in Musik zu setzen, so kommt das alles wieder, und steht vor einem, und bewegt einem die Seele.

JOHANN WOLFGANG VON GOETHE

Aus: Novelle

Aus den Gruben, hier im Graben,
Hör' ich des Propheten Sang;
Engel schweben, ihn zu laben,
Wäre da dem Guten bang?

Löw' und Löwin, hin und wieder
Schmiegen sich um ihn heran;
Ja, die sanften, frommen Lieder
Haben's ihnen angetan.

Engel schweben auf und nieder
Uns in Tönen zu erlaben,
Welch ein himmlischer Gesang!
In den Gruben, in dem Graben
Wäre da dem Kinde bang?
Diese sanften frommen Lieder
Lassen Unglück nicht heran:
Engel schweben hin und wieder
Und so ist es schon getan.

Denn der Ew'ge herrscht auf Erden,
Über Meere herrscht sein Blick;
Löwen sollen Lämmer werden,
Und die Welle schwenkt zurück;
Blankes Schwert erstarrt im Hiebe;
Glaub' und Hoffnung sind erfüllt;
Wundertätig ist die Liebe,
Die sich im Gebet erfüllt.

Und so geht mit guten Kindern
Sel'ger Engel gern zu Rat,
Böses Wollen zu verhindern,
Zu befördern schöne Tat.
So beschwören fest zu bannen
Liebem Sohn an's zarte Knie
Ihn, des Waldes Hochtyrannen,
Frommer Sinn und Melodie.

DEUTSCHES VOLKSLIED

Der Jäger und die Jungfrau Maria

Es wollt ein Jägerlein jagen,
Wollt jagen zum Himmelsthron.
Da begegnet ihm auf der Reise
Maria, die Jungfrau, schon.
Das Jägerlein in sein Hörnlein blies,
Das laut't sich all so wohl:
«Gegrüßet seist du, Maria,
Du bist der Gnaden voll!»
Da sprach Maria, die Fraue:
«Dein Stücklein so wunderschön
Noch einmal sollst du es blasen
Zu Ehren dem Gottessohn!»
Und als das Hörnlein tut schallen,
Da fielen die Englein ein,
Das Jägerlein ging mit der Frauen
Zum Himmelstor hinein.

WILHELM HEINRICH WACKENRODER

Die geheimnisvolle Macht der Musik

Eine vorzügliche Epoche in seinem Leben machte eine Reise nach
der bischöflichen Residenz, wohin ein begüterter Anverwandter, der
dort wohnte, und der den Knaben liebgewonnen hatte, ihn auf einige
Wochen mitnahm. Hier lebte er nun recht im Himmel: Sein Geist
ward mit tausendfältiger schöner Musik ergötzt, und flatterte nicht
anders als ein Schmetterling in warmen Lüften umher.

Vornehmlich besuchte er die Kirchen und hörte die heiligen
Oratorien, Kantilenen und Chöre mit vollem Posaunen- und Trom-

petenschall unter den hohen Gewölben ertönen, wobei er oft, aus
innerer Andacht, demütig auf den Knieen lag. Ehe die Musik an-
brach, war es ihm, wenn er so in dem gedrängten, leise-murmelnden
Gewimmel der Volksmenge stand, als wenn er das gewöhnliche und
gemeine Leben der Menschen, als einen großen Jahrmarkt, unmelodisch durcheinander und um sich herum summen hörte; sein Kopf
ward von leeren, irdischen Kleinigkeiten betäubt. Erwartungsvoll
harrte er auf den ersten Ton der Instrumente; – und indem er nun aus
der dumpfen Stille, mächtig und langgezogen, gleich dem Wehen
eines Windes vom Himmel hervorbrach und die ganze Gewalt der
Töne über seinem Haupte daherzog – da war es ihm, als wenn auf
einmal seiner Seele große Flügel ausgespannt, als wenn er von einer
dürren Heide aufgehoben würde, der trübe Wolkenvorhang vor den
sterblichen Augen verschwände und er zum lichten Himmel em-
porschwebte. Dann hielt er sich mit seinem Körper still und un-
beweglich und heftete die Augen unverrückt auf den Boden. Die
Gegenwart versank vor ihm; sein Inneres war von allen irdischen
Kleinigkeiten, welche der wahre Staub auf dem Glanze der Seele
sind, gereinigt; die Musik durchdrang seine Nerven mit leisen Schau-
ern, und ließ, so wie sie wechselte, mannigfache Bilder vor ihm
aufsteigen. So kam es ihm bei manchen frohen und herzerhebenden
Gesängen zum Lobe Gottes ganz deutlich vor, als wenn er den König
David im langen königlichen Mantel, die Krone auf dem Haupt, vor
der Bundeslade lobsingend hertanzen sähe; er sah sein ganzes Entzücken und alle seine Bewegungen und das Herz hüpfte ihm in der
Brust. Tausend schlafende Empfindungen in seinem Busen wurden
losgerissen und bewegten sich wunderbar durcheinander. Ja bei manchen Stellen der Musik endlich schien ein besonderer Lichtstrahl in
seine Seele zu fallen; es war ihm, als wenn er dabei auf einmal weit
klüger würde und mit helleren Augen und einer gewissen erhabenen
und ruhigen Wehmut auf die ganze wimmelnde Welt herabsähe.

So viel ist gewiß, daß er sich, wenn die Musik geendigt war und er
aus der Kirche herausging, reiner und edler geworden vorkam. Sein
ganzes Wesen glühte noch von dem geistigen Weine, der ihn be-
rauscht hatte, und er sah alle Vorübergehenden mit anderen Augen

an. Wenn er dann etwa ein paar Leute auf dem Spaziergange zusammenstehn und lachen oder sich Neuigkeiten erzählen sah, so machte das einen ganz eignen widrigen Eindruck auf ihn. Er dachte: Du mußt zeitlebens, ohne Aufhören in diesem schönen poetischen Taumel bleiben, und dein ganzes Leben muß eine Musik sein. (...) Allmählich ward er nun ganz und gar der Überzeugung, daß er von Gott deshalb auf die Welt gesetzt sei, um ein recht vorzüglicher Künstler in der Musik zu werden; und zuweilen dachte er wohl daran, daß der Himmel ihn aus der trüben und engen Dürftigkeit, worin er seine Jugend hinbringen mußte, zu desto höherem Glanze hervorziehen werde. Viele werden es für eine romanhafte und unnatürliche Erdichtung halten, allein es ist reine Wahrheit, wenn ich erzähle, daß er oftmals in seiner Einsamkeit, aus inbrünstigem Triebe seines Herzens, auf die Knie fiel, und Gott bat, er möchte ihn doch also führen, daß er einst ein recht herrlicher Künstler vor dem Himmel und vor der Erde werden möchte. In dieser Zeit, da sein Blut, von den immer auf denselben Fleck gehefteten Vorstellungen bedrängt, oft in heftiger Wallung war, schrieb er mehrere kleine Gedichte nieder, die seinen Zustand, oder das Lob der Tonkunst schilderten, und die er mit großer Freude, auf seine kindisch-gefühlvolle Weise in Musik setzte, ohne die Regeln zu kennen. Eine Probe von diesen Liedern ist folgendes Gebet, welches er an diejenige unter den Heiligen richtete, die als Beschützerin der Tonkunst verehrt wird:

Siehe wie ich trostlos weine
In dem Kämmerlein alleine,
Heilige Cäcilia!
Sieh' mich aller Welt entfliehen,
Um hier still vor Dir zu knien:
Ach ich bete, sei mir nah!

Deine wunderbaren Töne,
Denen ich verzaubert fröhne,
Haben mein Gemüt verrückt.
Löse doch die Angst der Sinnen, –

Laß mich in Gesang zerrinnen.
Der mein Herz so sehr entzückt.

Möchtest Du auf Harfensaiten
Meinen schwachen Finger leiten,
Daß Empfindung aus ihm quillt;
Daß mein Spiel in tausend Herzen
Laut Entzücken, süße Schmerzen,
Beides hebt und wieder stillt.

Möcht' ich einst mit lautem Schalle
In des Tempels voller Halle
Ein erhabnes Gloria
Dir und allen Heil'gen weihen,
Tausend Christen zu erfreuen:
Heilige Cäcilia!

Öffne mir der Menschen Geister,
Daß ich ihrer Seelen Meister
Durch die Kraft der Töne sei;
Daß mein Geist die Welt durchklinge,
Sympathetisch sie durchdringe,
Sie berausch' in Phantasei! –

RICHARD WAGNER

Die erlösendste Kunst

Hören Sie meinen Glauben: Die Musik kann nie und in keiner Verbindung, die sie eingeht, aufhören die höchste, die erlösendste Kunst zu sein. Es ist dies ihr Wesen, daß, was alle andern Künste nur andeuten, durch sie und in ihr zur unbezweifeltsten Gewißheit, zur allerunmittelbarst bestimmenden Wahrheit wird.

RICHARD WAGNER

«Ich weiß, daß mein Erlöser lebt»

Im neu bekehrten Schweden hörten die Kinder eines Pfarrers am Stromufer einen Nixen zur Harfe singen: «Singe nur immer», riefen sie ihm zu, «du kannst doch nicht selig werden». Traurig senkte der Nix Harfe und Haupt: Die Kinder hörten ihn weinen und meldeten das ihrem Vater daheim. Dieser belehrt sie und sendet sie mit guter Botschaft dem Nixen zurück. «Nicker, sei nicht mehr traurig», rufen sie ihm nun zu: «Der Vater läßt dir sagen, du könntest doch noch selig werden». Da hörten sie die ganze Nacht hindurch vom Flusse her es ertönen und singen, daß nichts Holderes je zu vernehmen war. – Nun hieß uns der Erlöser selbst unser Sehnen, Glauben und Hoffen zu tönen und zu singen. Ihr edelstes Erbe hinterließ uns die christliche Kirche als alles klagende, alles sagende, tönende Seele der christlichen Religion. Den Tempelmauern entschwebt, durfte die heilige Musik jeden Raum der Natur neu belebend durchdringen, der erlösungsbedürftigen Menschheit eine neue Sprache lehrend, in der das Schrankenloseste sich nun mit unmißverständlichster Bestimmtheit aussprechen konnte.

Was aber sagten unsrer heutigen Welt auch die göttlichsten Werke der Tonkunst? Was können diese tönenden Offenbarungen aus der erlösenden Traumwelt reinster Erkenntnis einem heutigen Konzertpublikum sagen? Wem das unsägliche Glück vergönnt ist, mit Herz und Geist eine dieser vier letzten Beethovenschen Symphonien rein und fleckenlos von sich aufgenommen zu wissen, stelle sich dagegen etwa vor, von welcher Beschaffenheit eine ganze große Zuhörerschaft sein müßte, die eine wiederum der Beschaffenheit des Werkes selbst wahrhaft entsprechende Wirkung durch eine Anhörung desselben empfangen dürfte: Vielleicht verhülfe ihm zu solch einer Vorstellung die analogische Heranziehung des merkwürdigen Gottesdienstes der Shaker-Sekte in Amerika, deren Mitglieder, nach feierlich und herzlich bestätigtem Gelübde der Entsagung, im Tempel singend und tanzend sich ergehen. Drückt sich hier eine kindliche Freude über wiedergewonnene Unschuld aus, so dürfte uns, die wir die, durch Erkenntnis des Verfalles des menschlichen Geschlechtes errungene Siegesgewißheit des Willens über sich selbst mit unsrem täglichen Speisemahle feiern, das Untertauchen in das Element jener symphonischen Offenbarungen als ein weihevoll reinigender religiöser Akt selbst gelten. Zu göttlicher Entzückung heiter aufsteigende Klage. «Ahnest Du den Schöpfer, Welt?» – so ruft der Dichter, der aus Bedarf der begrifflichen Wortsprache mit einer anthropomorphistischen Metapher ein Unausdrückbares mißverständlich bezeichnen muß. Über alle Denkbarkeit des Begriffes hinaus, offenbart uns aber der tondichterische Seher das Unaussprechbare: Wir ahnen, ja wir fühlen und sehen es, daß auch diese unentrinnbar dünkende Welt des Willens nur ein Zustand ist, vergehend vor dem einen: «Ich weiß, daß mein Erlöser lebt!»

HERMANN HESSE

Aus: Demian

Ich hatte zwei oder drei Male auf meinen Gängen durch die Stadt aus einer kleineren Vorstadtkirche Orgelspiel vernommen, ohne dabei zu verweilen. Als ich das nächste Mal vorüberkam, hörte ich es wieder, und erkannte, daß Bach gespielt wurde. Ich ging zum Tor, das ich geschlossen fand, und da die Gasse fast ohne Menschen war, setzte ich mich neben der Kirche auf einen Prellstein, schlug den Mantelkragen um mich und hörte zu. Es war keine große, doch eine gute Orgel, und es wurde wunderlich gespielt, mit einem eigentümlichen, höchst persönlichen Ausdruck von Willen und Beharrlichkeit, der wie ein Gebet klang. Ich hatte das Gefühl: Der Mann, der da spielt, weiß in dieser Musik einen Schatz verschlossen, und er wirbt und pocht und müht sich um diesen Schatz wie um sein Leben. Ich verstehe, im Sinn der Technik, nicht sehr viel von Musik, aber ich habe gerade diesen Ausdruck der Seele von Kind auf instinktiv verstanden und das Musikalische als etwas Selbstverständliches in mir gefühlt.

Der Musiker spielte darauf auch etwas Modernes, es konnte von Reger sein. Die Kirche war fast völlig dunkel, nur ein ganz dünner Lichtschein drang durchs nächste Fenster. Ich wartete, bis die Musik zu Ende war, und strich dann auf und ab, bis ich den Organisten herauskommen sah. Es war ein noch junger Mensch, doch älter als ich, vierschrötig und untersetzt von Gestalt, und er lief rasch mit kräftigen und gleichsam unwilligen Schritten davon.

Manchmal saß ich von da an in der Abendstunde vor der Kirche oder ging auf und ab. Einmal fand ich auch das Tor offen und saß eine halbe Stunde fröstelnd und glücklich im Gestühl, während der Organist oben bei spärlichem Gaslicht spielte. Aus der Musik, die er spielte, hörte ich nicht nur ihn selbst. Es schien mir auch alles, was er spielte, unter sich verwandt zu sein, einen geheimen Zusammenhang zu haben. Alles, was er spielte, war gläubig, war hingegeben und fromm, aber nicht fromm wie die Kirchengänger und Pastoren, sondern fromm wie die Pilger und Bettler im Mittelalter, fromm mit rücksichtsloser Hingabe an ein Weltgefühl, das über allen Bekenntnissen stand. Die Meister vor Bach wurden fleißig gespielt, und alte Italiener. Und alle sagten dasselbe, alle sagten das, was auch der Musikant in der Seele hatte: Sehnsucht, innigstes Ergreifen der Welt und wildestes Sichwiederscheiden von ihr, brennendes Lauschen auf die eigene dunkle Seele, Rausch der Hingabe und tiefe Neugierde auf das Wunderbare.

ARNOLD MENDELSSOHN

Das Unaussprechliche sagen

Sehr richtig läßt sowohl die katholische wie die lutherische Kirche die Psalmen, Sprüche, dogmatischen Formeln und dergleichen singen oder psalmodieren, und nicht sprechen. Denn das Wort ist Instrument des logischen Denkens, daher das gesprochene der Kritik des Verstandes unterliegt. Aber jene kirchlichen Worte wollen gar nicht vom Verstand geprüft sein. Wenn sie, wie die Psalmen, als Lyrik nicht sowieso Musik fordern, wollen sie, sofern sie dogmatischen Inhalt haben, ein Unaussprechliches be- oder andeuten. Dieser Absicht aber ist das gesungene Wort darum besser angepaßt als das gesprochene, weil die Musik selbst schon in eine andere Sphäre gehört und versetzt, als die verstandesmäßige. Wenn Voltaire spottet: Was zu dumm ist, um es zu sprechen, das singt man, so halte ich dem entgegen: Manche Worte, die gesprochen Unsinn zu sein scheinen, werden verstanden, wann sie gesungen werden.

REINER KUNZE

Orgelkonzert
(Toccata und Fuge)

Die Schulbehörde in N. wies die Direktoren an zu verhindern, daß Fach- und Oberschüler die Mittwochabend-Orgelkonzerte besuchen. Lehrer fingen Schüler vor dem Kirchenportal ab und sagten den Eltern: Entweder-oder. Eltern sagten ihren Kindern: Entweder-oder. Bald reichten die Sitzplätze im Schiff und auf den Emporen nicht mehr aus.
(Meldung, die in keiner Zeitung stand)

Hier müssen sie nicht sagen, was sie nicht denken. Hier umfängt sie das Nichtalltägliche, und sie müssen mit keinem Kompromiß dafür zahlen; nicht einmal mit dem Ablegen ihrer Jeans. Hier ist der Ruhepunkt der Woche. Sie sind sich einig im Hiersein. Hier herrscht die Orgel.

Alle Orgeln –
die namenlosen, von denen jede ‹unsere Orgel› heißt,
die berühm-
ten, die Silber-
mannschen,
die Orgel im
Dom zu
Freiberg,
die kleinen, die Orgel in
der Wehrkirche zu Pom-
ßen (zwölf Register, Cim-
belton und Vogelgesang),
die machtvollen, die Naumburger Wen-
zelsorgel (‹Man muß aber auch ein
angenehmes Schrecken fühlen, und mit
der bewenden Kirche gleichsam zu zittern anfangen, wenn die etlich und fünfzig Register mit dem durchdringenden
Pedal zusammen gezogen werden, die
mit einem so gewaltigen Schalle ertönen, daß das Gehör gleichsam davon
betäubt wird, und man fast denken
solte, als wenn es ein Krachen von einem
rollenden Donner wäre›),

alle Orgeln –

die im Westen:
die Mühlhau-
sener Orgel
Johann Seba-
stian Bachs
(‹Eines
Abends ging
ich nach dem
Leipziger
Kirchhof, die
Ruhestätte
eines Großen
aufzusuchen:
viele Stunden
lang forschte
ich kreuz und
quer – ich
fand kein ‚J.
S. Bach'…
und als ich
den Toten-
gräber darum
fragte, schüt-
telte er über
die Obskurität
des Mannes
den Kopf und
meinte: Bachs
gäb's viele›),

die im Norden: die Gü-
strower Domorgel über
Barlachs ‹Schwebendem›,
dem entarteten, einge-
schmolzenen und wieder-
auferstandenen,
die im Süden: die Orgel zu Weimar,
unter deren Empore der Sarg Johann
Gottfried Herders steht (‹ohne Begeisterung geschah nichts Großes und Gutes auf der Erde; die man für Schwärmer
hielt, haben dem menschlichen Geschlecht die nützlichsten Dienste gelei-
stet. Trotz allen Spottes, trotz jeder Ver-
folgung und Verachtung drangen sie
durch, und wenn sie nicht zum Ziele
kamen, so kamen sie doch weiter und brachten weiter›),
die im Osten: die Orgel zu St. Peter und St. Paul in Görlitz,
die über und über mit Sonnen bedeckte, flammende, die Licht-,
die Sonnenorgel (‹Salve! mein schöne Grammatica und Rhetorica; Servitor! meine schöne Logica und Arithmetica;
Bassio le man! meine schöne Geometrica und Astronomia.
Aber sey mir tausendmal willkommen! mein löbliche, liebliche, künstliche, köstliche, vornehme und angenehme Musica!
Andere seynd zwar freye Künsten, du aber bist eine freye und
fröhliche Kunst; du bist eine Portion vom Himmel, du bist ein
Abriß der ewigen Freuden, du bist ein Pflaster für die Melan-
choley, du bist ein Versöhnung der Gemüter, du bist ein Sporn
der Andacht, du bist ein Arbeit der Engel, du bist ein Aufent-
haltung der Alten, du bist ein Ergötzlichkeit der Jungen›),

alle Orgeln –
unter wessen Dach auch
immer –
müßten mit einem Mal zu spielen beginnen,

einsetzen mit vollem Werk,

mit ihren
tiefsten
Pfeifen, den
zehnmeter-
hohen, und
mit ihren
höchsten,
den millime-
tergroßen,
mit ihrem
Holz und
Metall, ihren
Zungen und
Lippen;
alle Orgeln –

die im Osten, Süden, Norden, Westen, die
sechstausendeinhundertundelf klingenden
Pfeifen in der Kreuzkirche zu Dresden,
das Betstubenpositiv der Grube Him-
melsfürst zu Freiberg, die von Bach ge-
prüfte Orgel zu Hohnstein, die zu Kirch-
dorf, die einfach ‹unsere Orgel› heißt –

sie alle müßten plötzlich zu tönen beginnen und die Lügen, von denen die Luft schon so gesättigt ist, daß der um Ehrlichkeit Bemühte kaum noch atmen kann, hinwegfegen – unter wessen Dach hervor auch immer, hinwegdröhnen all den Terror im Geiste...

Wenigstens ein einziges Mal, wenigstens für einen Mittwochabend.

LEONARD BERNSTEIN

Musik als Wegweiser

Was haben wir Künstler mit Öl und mit Wirtschaft, mit Überleben und Ehre zu tun? Die Antwort ist: alles. Unsere Wahrheit, wenn sie vom Herzen kommt, und die Schönheit, die wir aus ihr hervorbringen, sind vielleicht die einzigen wirklichen Wegweiser, die übriggeblieben sind, die einzigen klar sichtbaren Leuchttürme, die einzige Quelle der Erneuerung der Vitalität der menschlichen Weltkulturen. Wo Wirtschaftsfachleute hadern, können wir heiter sein. Wo Politiker ihre diplomatischen Spiele betreiben, können wir Herz und Hirn bewegen. Wo die Habgierigen raffen, können wir schenken. Unsere Federn, unsere Stimmen, unsere Pinsel, unsere Pas de deux, unsere Worte, unsere Cis' und B's steigen höher empor als die höchste Öl-Fontäne. Sie können Eigennutz in die Knie zwingen. Sie können uns vor dem moralischen Niedergang bewahren. Vielleicht sind es überhaupt nur die Künstler, die das Mystische mit dem Rationalen versöhnen und darin fortfahren können, die Allgegenwart Gottes der Menschheit vor Augen zu führen.

ROSE AUSLÄNDER

Bachfuge

Die Bachfuge
fliegt in den Himmel
kommt zurück zu mir
fliegt in den Himmel

Mathematik
erklärt eine Stimme

Ich weiß nicht
will nicht wissen
wieviele Köpfe auf Flügeln
welche Geschwindigkeiten
ich zähl nicht
die Zahlen

Bach
mein Blutstrom
zum Himmel

Zerbrochene Musik

Weg mit dem Lärm deiner Lieder!
Dein Harfenspiel will ich nicht hören.
Am 5,23

PHILODEMUS

Über die Ehrung des Göttlichen

Über die Ehrung des Göttlichen durch die Musiker nun ist hinläng-
lich schon früher gesprochen worden, und einiges wird später noch
dazu bemerkt werden; so viel aber soll auch an dieser Stelle gesagt
sein: Die Gottheit bedarf zwar keinerlei Verehrung zu ihrer Bestäti-
gung, doch liegt es in unserer Natur, ihr Ehre zu erweisen, vornehmlich durch die Bräuche, die jedem einzelnen von den Vätern her überliefert sind; die Musik aber gehört nicht dazu. (...)
Wenn wir aus der Tatsache, daß die Gottheit von der Menge durch
die Musik verehrt wird, auf eine Verwandschaft der Musik mit der
Frömmigkeit schließen wollen, dann werden wir das Gleiche von der
Kochkunst annehmen müssen wie auch von der Kunst des Kranz-
bindens, des Salbenbereitens, der Brotherstellung, ferner auch von
Landbau, Baukunst, Malerei, Bildhauerei und den meisten hand-
werklichen Fähigkeiten. (...)
Aber weiter: Es war wahrlich kein Gott der Erfinder der Musik
noch übergab er sie den Menschen, sondern sie haben sie in der Weise
allmählich erlernt, wie wir es früher gezeigt haben.

ERASMUS VON ROTTERDAM

Theatralische Musik

Eine verkünstelte und theatralische Musik haben wir eingeführt in
die Kirche, ein Geschrei und Getümmel verschiedener Stimmen, wie
es meines Erachtens wohl niemals in den Theatern der Griechen und
Römer gehört worden ist. Von Hörnern, Trompeten, Pfeifen, Schal-
meien wird alles durchrauscht, mit ihnen wetteifern menschliche
Stimmen. Verliebte, unzüchtige Gesänge lassen sich hören, welche
sonst nur die Tänze der Buhlerinnen und Spaßmacher begleiten. In

die Kirchen rennt man wie vor die Bühne, des Ohrenkitzels wegen. Dafür besoldet man mit großem Aufwande Orgelmacher und Scharen von Knaben, deren Jugend darüber hingeht, solche Dinge zu lernen, und die aller bessern Bildung fremd bleiben ...

HULDRYCH ZWINGLI

Das Gebet

Artikel 44
Wahre Anbeter rufen Gott im Geist und in der Wahrheit an, ohne alles Geschrei vor den Menschen

Es ist vorher genug von diesem Artikel geredet und bereits gezeigt worden, daß kein Gebet Gott wohlgefälliger sein kann als jenes, das ihn wahrhaft erkennt und mit einem von Zweifel freien Herzen anruft; nicht mit Heuchelei, sondern mit rechtem, wahrem Bekennen und Erkennen. (...)

Artikel 45
Heuchler tun ihre Werke, um von Menschen gesehen zu werden. Sie empfangen ihren Lohn schon in dieser Zeit

Damit man die Heuchelei erkenne, die sich für andächtiges Gebet ausgibt, habe ich diesen Artikel als Gegenstück zum oberen formuliert. Folgendes sind die klaren Worte Christi im Matthäusevangelium 23,5, wo er über die Schriftgelehrten und Pharisäer sagt: «Sie tun alle ihre Werke, um von den Menschen gesehen zu werden.» So anschaulich charakterisiert sie Christus, nicht ich! (...)

Hier hilft auch kein maulender Widerspruch unter Hinweis auf den chormäßigen Psalmengesang, den doch nicht einer von hundert Menschen versteht; ich schweige von den Plärrschwestern, den Nonnen, die auf der ganzen Welt nicht einen einzigen Vers der Psalmen verstehen, die sie undeutlich vor sich hin singen. «Ist es denn nicht gut», sagen sie, «daß man vor allen Menschen Gottes Lob singt?» Antwort: Beweise mir, daß es gut ist, so will ich dir glauben. Gott allein ist gut und der einzige Quell alles Guten. Ist nun das Psalmengemurmel etwas Gutes, so muß es von Gott kommen. Nun zeig mir aber, wo Gott solches undeutliche Singen, Quäken und Murmeln angeordnet hat! Schau, jetzt stehst du da wie die Katze vor dem Kürschner, weil du in der Schrift genau das Gegenteil findest. Gott hat dich nämlich geheißen, in dein Kämmerlein zu gehen und dort, im Verborgenen, mit deinem himmlischen Vater zu reden; dieser werde dich gewiß sehen, hören und erhören. Wärest du andächtig auf Gott gerichtet, so wärest du allein. Fromme Andacht wird durch die Anwesenheit vieler Leute verfälscht, es sei denn, man unterrichte die Menge in Gottes Wort, oder wenige redeten miteinander über den Sinn des göttlichen Worts. Darüber spricht Paulus im Kolosserbrief 3,16: «Das Wort Christi soll reichlich unter euch bleiben bzw. wohnen in aller Weisheit, so daß ihr euch» – zu ergänzen: damit – «selbst lehrt und ermahnt mit Psalmen, Lobgesängen und geistlichen Liedern, die ihr dem Herrn in euren Herzen voller Liebe singt.» Hier lehrt uns Paulus nicht, in den Kirchen zu brüllen und zu murmeln, sondern er zeigt uns den wahren Gesang, der Gott wohlgefällig ist. (…)

Artikel 46
Daraus folgt zwingend, daß Gesang, d. h. Geschrei in der Kirche,
ohne Andacht erfolgt und nur um des Lohns willen entweder Ruhm
vor den Menschen oder Gewinn sucht

Die Bedeutung dieses Artikels ist, daß die Gesänge, die man in den Kirchen um Lohn und ohne Andacht zur Aufführung singt, nur darum stattfinden, damit man entweder gerühmt werde, wie fromm man sei, oder Geld verdiene; doch beide Absichten sind schlecht. Darum ist es noch viel schlimmer, einen solchen Schwindel als gute Köder den Leuten vor die Nase zu setzen und so teuer zu verkaufen. Hier machen die Päpstler als erstes folgenden Einwand: «Wenn es aber mit Andacht geschieht, so ist es doch nicht schlecht.» Antwort: Hast du nicht gehört, daß du von keinem Werk, wie gut es auch sei, den Geldwert ausrechnen sollst; denn wenn man uns dies gestattete, so würden wir unsere Werke so teuer einschätzen, daß selbst Gott sie uns nur mit Mühe bezahlen könnte. Ob ein Werk gut sei, hängt allein von Gott ab; von ihm muß es kommen. Auch brüllt die fromme Andacht nicht vor den Menschen, wie die liebestollen Freier es tun, sondern sie zieht sich in die Stille zurück. Hier kann sie sich am besten mit Gott besprechen; denn weder Augen noch Ohren lenken sie von der rechten Meditation ab. Es ist gegen alle menschliche Vernunft, zu glauben, man könne in großem Getöse und Lärm gesammelt oder andächtig sein. (...)

Desgleichen hat auch Amos 5,23 das Singen im Alten Testament verworfen: «Weg mit dem Gemurmel deiner Gesänge; ich will auch nicht das Spiel deiner Leier.» Was würde der bäuerliche Prophet heutzutage tun, wenn er die verschiedenen Arten von Musik in den Kirchen sähe und die verschiedenen Tempi der langsamen und schnelleren Schreittänze und Springtänze und anderer Taktarten hörte, und dazwischen schritten die zarten Chorherren in ihren seidenen Hemden zum Altar, um zu opfern? Er würde tatsächlich nochmals ein solches Geschrei erheben, daß die ganze Welt seine Worte nicht ertragen könnte.

Schau, diese Kinderei in den Kirchen kostet so viel Schweiß und Mühe; dennoch will sich niemand ernsthafte Gedanken über diesen Mißstand machen, dennoch muß man die Heuchelei – ich hätte beinahe gesagt: die Abgötterei – weiterhin am Leben erhalten. (...)

Niemand soll deshalb davor zurückschrecken, das Lärmen aus den Kirchen zu verbannen; an dessen Stelle soll er gut ausgebildete Theologen anstellen, die das Gotteswort zuverlässig erschließen. Das übrige Geld soll man den Armen und Bedürftigen geben, doch mit Maß, damit daraus kein Aufruhr entspringt; es sei denn, die Gottesjunker wollten es anders. Ade also, mein Kirchengemurmel! Ich trauere dir nicht nach; ich weiß genau, daß du mir nicht gut tust. Sei jedoch gegrüßt, o wahrhaftes, inwendiges Gebet, das vom Gotteswort im Herzen des gläubigen Menschen erweckt wird, ja, du bist nur ein kurzer Seufzer, in welchem sich der Mensch selbst erkennt und dann weiter auf das hört, was Gott ihm sagt! Sei auch gegrüßt, du gemeinsames Gebet, das alle Christen füreinander sprechen, es sei öffentlich in der Kirche oder im Kämmerchen, doch freiwillig und ohne Lohn! Ich weiß genau, daß du das Gebet bist, dem Gott das Verheißene geben will.

FRIEDRICH ERHARD NIEDT

Über die Teufelsmusikanten

Endlich soll auch der Finis oder End-Ursache aller Music und also auch des General-Basses sein nichts als nur Gottes Ehre und Recreation des Gemüts. Wo dieses nicht in Acht genommen wird, da ist auch keine recht eigentliche Music und diejenigen, welche diese edle und göttliche Kunst mißbrauchen zum Zunder der Wollust und fleischlicher Begierden, die sind Teufels-Musicanten, denn der Satan hat seine Lust, solch schändlich Ding zu hören. Ihm ist eine solche Music gut genug, aber in den Ohren Gottes ist es ein schändliches Geplärr. Wer nun bei seiner musikalischen Profession einen gnädigen Gott und gut Gewissen haben will, der schände diese große Gabe Gottes nicht durch deren Mißbrauch zu unehrbarem Wesen.

JOHANN SEBASTIAN BACH

Teuflisches Geplärr und Geleier

Der General Baß ist das vollkommenste Fundament der Music, welcher mit beiden Händen gespielet wird, dergestalt, daß die linke Hand die vorgeschriebenen Noten spielet, die rechte aber Con- und

Dissonantien dazu greift, damit dieses eine wohlklingende Harmonie gebe zur Ehre Gottes und zulässiger Ergötzung des Gemüts und soll wie aller Music, also auch des General Basses Finis und End Ursache anders nicht, als nur zu Gottes Ehre und Recreation des Gemüts sein. Wo dieses nicht in Acht genommen wird, da ists keine eigentliche Music, sondern ein teuflisches Geplärr und Geleier.

PHILIPP CHRISTOPH HARTUNG

Aus: *Musicus Theoretico Practicus, Cap. XXXIV*

§ 547 Ein Musicus, der den Schöpfer und Erfinder der Music liebet, wird sich auch hüten, daß er wider die heilige Absicht dieses hohen Music-Meisters die Music nicht mißbrauche.

§ 548 Die Absicht Gottes ist nicht, uns in der Unordnung zu stärken oder die Laster uns beliebt zu machen, sondern uns durch die Music-Ergötzung in Ordnung zu bringen, und zur *Attention* auf seinen Gnaden-Zug uns anzulocken. Daher findet ein tugendsamer Musicus nichts zu musizieren: von dem verliebten Wesen unbekehrter Personen, von der Unkeuschheit, von der rasenden Liebe, von der Verzweiflung, von der tollen Freude, vom Müßiggang, vom wütenden Zorn, von der sogenannten edlen Selbst-Rache, vom Zank, von der Zauberei, vom Fluchen etc. Seine Music-Kunst ist für solche Dinge viel zu edel.

§ 549 Wenn ein Musicus dennoch seine Kunst an die Laster wendet, so hat er weniger Ehre davon, als wenn ein Koch sein Wasser und Feuer, seinen Essig und Speck, sein Gewürze, seine viele Mühe und Kunst an einen fetten Hunds-Braten aufwendet – und ihn mit schönen Blumen wohl bekrönet, auch mit Zitronen-Scheiben belegt, auf die Tafel schicket. Alle Laster sind aus der stinkenden Speise-Kammer des Satans: Was wird ein Musicus mit seiner Music-Kunst daran Löbliches künstlen? Was wird er für Ehre einlegen? Was wird er Delikates daraus machen, davor die Tugend keinen Abscheu haben wird?

§ 550 Ein rechtschaffener Musicus suchet dahero recht schön und recht beweglich und recht gewissenhaft zu komponieren. Schön macht er es, dann er ist ein Schön-Ton-Künstler, nicht nur schlechthin ein Ton-Künstler.

§ 552 Recht gewissenhaft komponiert der rechte Musicus, wenn er die Absicht des allweisesten Music-Meisters immer vor Augen hat. Folglich, wenn er nicht nach der sogenannten galanten Mode, sondern darauf siehet, wie er Fromme aufmuntern möge, den Herrn mit Herzen, mit Worten und Stimmen zu loben, wie er die Frommen auch mit indifferenter, aber schöner Music ergötzen möge, wie er die wilden Gemüter zu einer Sammlung der äußersten Seelen-Kräfte zu einiger Bändigung ihrer Wut bringen möge, wie er dem Herrn ein Gefäß der Ehren und andern ein gesegnetes Exempel der Nachfolge sein möge.

§ 553 Ein solcher Musicus ist ein Engel auf Erden; ein solcher Musicus meritiert, daß er von allen Music-Kennern veneriert werde; dahingegen ein großer aber ärgerlicher Künstler verdient, eher vergessen zu werden, als der ärmste Schäfers-Knecht mit seiner Weiden-Pfeifen.

ANGELUS SILESIUS

Aus: Der cherubinische Wandersmann

Mein Lieb und alle Ding ist Gottes Nachgeklinge,
Wenn Er mich höret schrein: Mein Gott und alle Dinge.

I/233

Mensch, so du wissen willst, was redlich beten heißt:
So geh in dich hinein und frage Gottes Geist.

I/237

Meinst du, o armer Mensch, daß deines Munds Geschrei
Der rechte Lobgesang der stillen Gottheit sei?

I/239

Gott ist so über alls, daß man nichts sprechen kann,
Drum betest du ihn auch mit Schweigen besser an.

I/240

Nichts weset ohne Stimm: Gott höret überall,
In allen Kreaturn sein Lob und Widerhall.

I/264

Ach, daß wir Menschen nicht wie die Waldvögelein,
Ein jeder seinen Ton, mit Lust zusammen schrein!

I/265

Ich weiß, die Nachtigall straft nicht des Kuckucks Ton,
Du aber, sing ich nicht wie du, sprichst meinem Hohn.

I/266

Freund, solln wir allesamt nur immer eines schrein,
Was wird das für ein Lied und für Gesinge sein?

I/267

Je mehr man Unterscheid der Stimmen vor kann bringen,
Je wunderbarlicher pflegt auch das Lied zu klingen.

I/268

Gott gibet so genau auf das Koaxn (Krächzen) acht
Als auf das Tiriliern, das ihm die Lerche macht.

I/269

Die Kreaturen sind des Ewgen Wortes Stimme:
Es singt und klingt sich selbst in Anmut und im Grimme.

I/270

Die Engel singen schön; ich weiß, daß dein Gesinge,
So du nur gänzlich schwiegst, dem Höchsten besser klinge.

II/32

Die heilge Majestät – willst du ihr Ehr erzeigen,
Wird allermeist geehrt mit heilgem Stilleschweigen.

IV/11

JOHANN PETER TITZ

Christliche stille Musik

Willst du in der Stille singen
Und ein Lied dem Höchsten bringen,
Lerne, wie du kannst allein
Sänger, Buch und Tempel sein.

Ist der Geist in dir beisammen
Voller Eifer, voller Flammen,
Dieser Sänger ohne Mund
Tut Gott dein Begehren kund.

Ist dein Herz, als sichs gebühret,
Recht mit Andacht ausgezieret,
Dieses Buch dann bringet dir
Wort' und Weisen gnug herfür.

Wo dein Leib vom Wust der Sünden
Rein und sauber ist zu finden,
Diesen Wohn-Platz, dieses Haus
Sieht ihm Gott zum Tempel aus.

Kannst du so in Stille singen,
Kannst du dies dem Höchsten bringen,
Dann wirst du dir selbst allein
Sänger, Buch und Tempel sein.

CHRISTIAN FRIEDRICH DANIEL SCHUBART

Kastraten: Sänger wider Gottes Schöpfung

Die Welschen kamen zuerst auf den schändlichen Gedanken, die Menschenstimme durch Entmannung fortzupflanzen. Selbst durch ein päpstliches Breve wurden die Kastrationen autorisiert, und dieses Breve hat noch dazu die abscheuliche Klausel: «Ad honorem Dei.» Wenn Gott zu seiner Verherrlichung Kastrationen verlangte, so würden wir wohl ausdrückliche Befehle in seinem Worte dazu finden; allein Gott und seine herrlich eingerichtete Natur hassen alle Verstümmelungen: Nichts beweist dies mehr, als die Kastraten selber, die bei aller Kunst, zu welcher sie sich unleugbar aufschwangen, dennoch heulen und krähen. Gott und die Natur gebieten, daß man mit Frauenzimmern Diskant und Alt, mit Mannsleuten aber Tenor und Baß besetzen soll. Übertritt man dies große Gesetz, so rächt sich Mutter Natur durch Mißklang und widrigen Eindruck.

FRIEDRICH NIETZSCHE

Wagner als Apostel der Keuschheit

– Ist das noch deutsch?
Aus deutschem Herzen kam dies schwüle Kreischen?
Und deutschen Leibs ist dies Sich-selbst-Zerfleischen?
Deutsch ist dies Priester-Hände-Spreizen,

Dies weihrauchdüftelnde Sinne-Reizen?
Und deutsch dies Stürzen, Stocken, Taumeln,
Dies zuckersüße Bimbambaumeln?
Dies Nonnen-Äugeln, Ave-Glockenbimmeln,
Dies ganze falsch verzückte Himmel-Überhimmeln?...

– Ist das noch deutsch?
Erwägt! Noch steht ihr an der Pforte...
Denn was ihr hört, ist *Rom – Roms Glaube ohne Worte!*

DIETRICH BONHOEFFER

Das Wort Gottes ist sein eigener Schmuck

Wer sich von uns noch an seinen ersten Kirchgang erinnern kann, der weiß gewiß, daß es mehr als alles andere der Klang einer brausenden Orgel gewesen ist, der sich ihm unvergeßlich einprägte und sich mit unserem Gottesdienst für alle Zeiten verbunden hat. Halb Angst, halb Ehrfurcht, halb Erschrecken, halb inneres Hingezogensein – so muß es wohl im Himmel sein, so müssen wohl die Engel und die Heiligen da oben vor Gottes Thron singen – das mag so etwa den Aufruhr beschreiben, in dem sich damals unsere Seele befand, und wer kennt nicht noch heute Nachklänge dieser ersten Begegnung mit der Musik der Kirche?

Aber vielleicht ist auch mancher unter uns, der von Kind auf zu jener reformatorischen Kirche gehörte, die keine Orgel und kein Musikinstrument im Gotteshaus duldet, weil sie die Herrlichkeit des verkündigten Wortes Gottes und der Heiligen Schrift nicht durch menschliche Zutat erniedrigen und verschleiern will. Und ein solcher mag dann den Klang der Orgel wie einen unerlaubten menschlichen Versuch, die Herrlichkeit Gottes anders als durch sein Wort zu verkündigen, empfinden. Er mag ein stilles Bangen und Grausen vor der Musik in der Kirche empfinden.

Von dem großen italienischen Dichter der Renaissance, Petrarca, wird erzählt, daß er einst von einem der oberitalienischen Berge hinabgeschaut habe ins blühende Land, daß er überwältigt worden sei von dem Gefühl: Gott, wie schön, wie schön ist diese Welt – aber schon im nächsten Augenblick habe er das Kreuz über sich geschlagen und sein Brevierbuch gefaßt, um daraus zu beten. Das ist der Mensch, der vor der Schönheit der Welt erschrickt und der dieser Erde angstvoll entflieht – er will ja nicht diese Welt mit ihrer Herrlichkeit mehr lieben als den, der sie schuf, er will nicht das Geschöpf mehr lieben als den Schöpfer. Wie unerhört gefährlich für jeden, der einmal in der Peterskirche in Rom gestanden hat, die himmlischen Stimmen des sixtinischen Chores zu hören und zu lieben – und die wahrhaftige Stimme Gottes, wie sie in der Schlichtheit der biblischen Sprache ergeht – nicht zu hören und nicht zu lieben. Wie nahe der Gotteslästerung, den Mann im Kleid des Zimmermanns mit dem Wort der schlichten Klarheit, Einfachheit, Sachlichkeit mit einem so reichen, glanzvollen Werk menschlicher Kunst zu feiern, daß die Armut und die Niedrigkeit Jesu Christi darüber vergessen wird.

Daß wir die Kreatur mehr lieben als Gott, daß ist die tiefe Gefahr und Versuchung aller derer, die die Musik um Gottes willen lieben wollen. Wir wollen doch ja nicht verächtlich auf jene anderen herabsehen, die solcher Gefahr aus dem Wege gehen und das Wort Gottes allein in der Kirche reden lassen wollen. Es ist ein großer Ernst darin, viel Wissen um die Einzigkeit und die Ausschließlichkeit, die Unersetzlichkeit und Nüchternheit der göttlichen Offenbarung. Das Wort Gottes bedarf keines Schmuckes.

Wir wollen das fest im Sinn behalten: Das Wort Gottes, wie es in der Bibel und in der Verkündigung seines Evangeliums an uns ergeht, bedarf keines Schmuckes, es ist sein eigener Schmuck, seine eigene Herrlichkeit, seine eigene Schönheit.

HANS ZENDER

Aus: Happy New Ears

Der Philosoph und Theologe Bernhard Welte hat vorgeschlagen, das Wort «Ereignis» in Beziehung auf die Christologie anstelle des in der alten Theologie so wichtigen Wortes οὐσία (Wesen) zu verwenden. (Einem Musiker leuchtet das sofort ein, denn «Ereignis» ist auch der beste Begriff, um die formalen Vorgänge der Neuen Musik zu beschreiben.) Zum Charakter eines Ereignisses gehört, daß es nicht aus der Kontinuität eines Vorgegebenen entspringt, sondern plötzlich und unerwartet eintritt; zugrunde liegt eine Zeitvorstellung, die offen und unvorhersehbar ist – im Gegensatz zur zyklischen Zeit, welche die alte Form der Liturgie beherrscht.

Um «Ereignis» erfahrbar zu machen, scheint es zunächst einmal das Wichtigste, dem gestreßten, lärmgeplagten und einseitig rational ausgerichteten heutigen Menschen das Erlebnis einer konzentrierten Stille anzubieten. Das triumphalistische Getöse, der schon seit mindestens hundert Jahren zur sakralen Fassade gewordenen Orgel müßte in diesem Kontext grundsätzlich vermieden werden. Die Orgel ist Teil des abendländischen Museums und sollte dementsprechend nur im musealen Rahmen, d. h. als Konzertinstrument benutzt werden; sie vermittelt nur noch ein Klischee von geistlicher Musik: den größten Feind des Geistigen. Daß die so entstehende Lücke nicht durch den in der letzten Zeit entstandenen unbeschreiblichen Seelenkitsch einer sich so nennenden «Meditationsmusik» ausgefüllt werden kann, bedarf kaum einer Begründung; in dem billige Euphorie erzeugenden parfümierten Dunst einer «new-age»-Mentalität werden alle schöpferischen Impulse ersticken wie die Insekten am Fliegenleim. Die einzige Kur, welche helfen könnte, wäre doch wohl die Reduktion aller künstlerischen Aktivitäten auf nahezu Null. Unsere Armut, unsere Sprachlosigkeit muß uns bewußt gemacht werden – auch nicht durch Reflexion, sondern durch unmittelbares Erleben. Erst danach könnte man darangehen, aus der entstandenen Stille heraus wieder behutsam ein Gefüge akustischer Zeichen aufzubauen.

Dies kann nur beginnen mit einer Wiederentdeckung des klingenden Wortes: der Aktion des Rufens, Sprechens, Flüsterns, Singens
usw. ..., wobei die Grenze von Wort und Ton fließend erscheinen
müßte, und die Beziehung von Sinn und klanglicher Erscheinung als
ein nie abgeschlossener Vorgang. Neue Formen der Musikalisierung
des Wortes könnten den Worten wieder die Chance geben, bis ins
Unbewußte hinein zu wirken, anstatt auf nur intellektuelle Weise
verarbeitet zu werden.

ARVO PÄRT

Das Ende der Lieder

Ich habe einmal in der Sowjetunion mit einem Mönch gesprochen
und ihn gefragt, wie man sich als Komponist bessern könne. Er antwortete mir, er wisse dafür keine Lösung. Ich erzählte ihm, daß ich
auch Gebete schriebe, Musik zu Gebeten oder Psalmentexten, und
daß dies mir als Komponist vielleicht helfen könne. Darauf sagte er:
Nein, du irrst dich. Alle Gebete sind schon geschrieben. Du brauchst
keine mehr zu schreiben. Das ist alles vorbereitet. Jetzt mußt du dich
vorbereiten. – Ich glaube, darin steckt eine Wahrheit. Wir müssen
damit rechnen, daß unsere Lieder eines Tages ein Ende nehmen. Vielleicht kommt auch für den größten Künstler ein Moment, in dem er
nicht mehr Kunst machen will oder muß. Und vielleicht schätzen wir
gerade dann sein Schaffen noch höher ein; weil es diesen Augenblick
gegeben hat, in dem er über sein Werk hinausgelangt ist.

JOACHIM ERNST BERENDT

Schweigen als höhere Potenz von Klang

Das Gegenteil von Licht ist Dunkelheit. Aber das Gegenteil von Klang, Schall, Laut, Sound ist nicht Stille. Diese ist deren Potenzierung. Dichter sprechen vom Dröhnen der Stille. Von der Orgel des Schweigens. «Nichts im Universum», sagt Meister Eckehart, «gleicht so sehr Gott wie das Schweigen.» Wenn die Welt Klang ist und wenn Gott mehr ist als seine Schöpfung, dann ist Er Schweigen.

ROSE AUSLÄNDER

Die Glocken horchen

Übermütige Leere der planierten Länder –
tonloses Lachen

Ich horche ob die Glocken tönen
ich horche ob der Ton sich klärt
das Land vertont
die Stadt verklärt

Die übermütige Leere der planierten Länder
lacht ihr tonloses Gelächter

Ich hör ein Horchen
die Glocken horchen
ob ihr Ton
der erzene Ton
gelang

Dies ist der Ton zu dem ich mich bekenne

HANS KÜNG

Religion und Musik als Opium für das Volk?

Ja, Opium des Volkes war die Religion nur allzuoft, und auch die
Musik – nicht nur die Marschmusik, auch die Kirchenmusik – kann
benebeln, betäuben und verführen. Viele Christen sind in Gefahr, mit
musikalischer Feierlichkeit sich die Welt «da draußen» vom Leibe zu
halten, sich in eine auch musikalisch erzeugte religiöse Gefühlswelt
einzulullen, um die praktischen Probleme der Zeit nicht zur Kenntnis zu nehmen. Religion und Musik als Opium des Volkes. Wer
könnte es übersehen: Auch die kirchliche Hierarchie ist oft genug in
Gefahr, mit feierlichen Messen nur sich selber zu zelebrieren und den
Triumph der Gnade Gottes mit dem eigenen Triumph zu verwechseln.

MARTIN MUMELTER

Regressives und progressives Erleben von Musik

Musik kann die Grenzen des gewohnten Erlebens verändern;
manchmal wie mit einem Schlage, manchmal kaum merklich, Schritt
für Schritt. Zu den Paradoxien von Grenzerfahrungen gehört, daß
man sich selbst um so intensiver erlebt, je mehr das Ich in den Hin-
tergrund zu treten scheint. «Selbstvergessen» sind Liebende, spielende Kinder, Musiker. Es gibt jedoch zwei grundverschiedene
Arten, das Ich zu «vergessen»; die eine läßt sich als Zurückgehen, die
andere als Vorwärtsschreiten im Entwicklungsweg verstehen.
Regressiv ist das Zurücksinken des Ich in «ozeanische Zustände»,
ebenso sein Aufgehen in der Masse. Das Gegenteil davon sind
Zustände ganzheitlicher Schau. In ihnen übersteigt das Ich seine
Grenzen und nimmt seine Verwobenheit mit einem Ganzen wahr.

Eigenverantwortung bleibt dabei erhalten; die Sicht des Ganzen ermöglicht sogar erst, ihre Tragweite wahrzunehmen.

Auch Musik kann in beide Richtungen tendieren: zu Regression oder zu Ganzheitlichkeit. Die Versuchung ist groß, mit einer solchen Unterscheidung Werturteile zu verbinden. Dabei würde man vergessen, daß Phasen der Regression einen wichtigen Teil ganzheitlichen Menschseins darstellen: eine Rückkehr zu den Wurzeln. Gerade in einer von Verstand und Wettbewerb dominierten Zivilisation kann es wohltuend und notwendig sein, von Zeit zu Zeit in archaische Bereiche zurückzutauchen. Ozeanische Gefühle der Geborgenheit werden gesucht; das berechnende Ich löst sich in Ekstase auf.

Es gibt in vielen Kulturen eine Tradition des Rausches, verbunden jedoch mit festgelegten Intervallen, Riten und Zielen. Wo das Ich permanent im Rausch reduziert wird, beginnt der Verrat an dessen Möglichkeiten. Erst hier sollte das Werturteil mit dem Warnruf einsetzen, nicht die Qualitäten zu verwechseln. Zustände der Ichüberschreitung können nicht mit dem Ichverlust im Rausch gleichgesetzt werden, auch nicht mit dem Rausch der Anonymität und seiner vielleicht gefährlichsten Form: der Massenhysterie. Dies betrifft auch die Musik. (...)

Wenn ein Rauschmittel zur Gehirnwäsche mißbraucht wird, besagt dies jedoch noch nichts über seinen objektiven Wert. Dies gilt auch für Musik, die Bewußtsein reduziert. Nicht das Geringste ist gegen sie einzuwenden, solang sie nicht die Alleinherrschaft antritt. Ganz im Gegenteil kann sie in einer «Tradition des Rausches» eine unverzichtbare Rolle spielen. Der Sprachgebrauch zeigt aber, wie es steht: Popmusik, ohne Rücksicht auf ihre qualitativen Abstufungen, ist «die Musik» schlechthin, umgeben von Kommerzmusik bis hin zu den Volksmusikverschnitten der Fremdenverkehrswirtschaft.

«Meditative Musik» wird ebenfalls feilgeboten; schon die Art ihrer Vermarktung weist darauf hin, daß sie vorwiegend auf Regression ausgerichtet ist. Solcher Transzendenzkitsch ruiniert die spirituellen Möglichkeiten des Menschen. Mit Klischees von Harmonie und Entspannung wird er in Zustände seliger Infantilität gelockt.

TILMAN MOSER

Aus: *Gottesvergiftung*

Ich versuche in den letzten Tagen, die Lieder zu verstehen, in denen
du dich hast preisen oder anflehen lassen, als ich jung war. Länger als
eine knappe Stunde kann ich nicht im Gesangbuch lesen, sonst werde
ich so traurig und verwirrt, daß ich hinauslaufen muß.

Und ich merke beim Lesen deiner Lieder, wie tief mich manche der
Texte und Melodien berührt haben. Ich habe beim Lesen immer noch
den halb unterirdischen Schulsaal für unsere Gottesdienste vor
Augen, erlebe von neuem das Sektengefühl, diesen Geschmack auf
der Zunge, daß wir nur geduldet sind von den Andersgläubigen, die
im Dorf den erfolgreicheren Gott haben, und wie ich dann im
Schulsaal den eigenen Gott aufgebläht habe, mich ins Rühmen ver-
stieg, eine imaginäre Beruhigung und Befriedigung beim gemeinsamen Singen und Beten suchte. Du warst wirklich ein erstaunlich
gewichtiger Teil meiner inneren und äußeren Wirklichkeit. Du hast
dich manchmal wie ein leuchtender oder dunkler Nebel vor die Welt
geschoben, soweit es sie überhaupt gab für mich. Denn darin hast du
es leicht gehabt, ich meine: im Beiseiteschieben der Wirklichkeit. (...)

Die Traurigkeit beim Lesen in deinem Gesangbuch ist eine Mi-
schung aus Ohnmacht, Resignation, Wertlosigkeit. Von dir geht eine
Lähmung aller Initiative aus, ein Gefühl von Vergeblichkeit allen
irdischen Tuns. Ich höre wieder die schrillen Stimmen älterer Frauen,
die versuchen, beim Singen der Choräle in eine kleine Ekstase zu
geraten, zumindest aber in das Gefühl, weggetragen zu werden. Bei
den Männern ist es mehr die Lautheit, eine endlich erlaubte Selbst-
betonung beim gesungenen Ruhme Gottes. Die meisten, die in den
Schulsaal kamen, durften ja nicht laut sein im Leben. Sie mußten den
Gemeindegesang abwarten, um überhaupt die Stimme erheben zu
dürfen, um sich etwas von der Seele zu singen oder zu schreien, und
ein paar Augenblicke lang stimmlichen Selbstgenuß zu erleben. Es
war auch für mich erhebend, wenn meine Stimme, einzeln zwar
wahrnehmbar, doch mit der Stimme der Gemeinde verschmolz. Im

Grunde war es das Ziel aller Lieder, Verschmelzung zu bewirken und Andacht hervorzurufen, und da deine Poeten und Musiker inbrünstig zusammengearbeitet haben, ist in die Lieder vieles eingegangen, was unwiderstehlich zur Verschmelzung und zur Andacht stimuliert. Ich werde dir eine Reihe von Liedern vorhalten und dir erklären, wie sie auf mich gewirkt, wie sie meine Täuschung über deine Realität vertieft haben.

Es gibt einige, die mir heute noch die Tränen in die Augen treiben, weil sie verknüpft sind mit Momenten eines vollkommenen Geborgenheitsgefühls, eines geborgten freilich, mehr geahnt als wirklich. Das ist ja das schlimme Geheimnis an dir, daß alles nur Verweisung ist auf etwas großartig Unwirkliches. (...)

Der Gemeindegesang war immer wieder mächtig wirksam gegen die Zweifel, und wie für alle Hauptthemen der Theologie und der Gottesbeziehung gab es spezielle Lieder gegen aufkommende Zweifel, unter deren Schutz ich mich für eine Weile flüchten konnte:

«Schwing dich auf zu deinem Gott,
du betrübte Seele!
Warum liegst du Gott zum Spott
in der Schwermutshöhle?
Merkst du nicht des Satans List?
Er will durch sein Kämpfen
deinen Trost, den Jesus Christ
dir erworben, dämpfen.»

Es hilft nicht wirklich gegen eine Depression, sondern intensiviert nur das Beten und die Schuldgefühle. Denn unter deiner Gnade hätte ich ja vor Freude überquellen müssen, wäre ich dem Tenor so vieler Lob- und Dankeslieder gefolgt, die sich überschlagen vor Begeisterung über deine Werke am Menschen. Doch gegen Zweifel gab es die Medizin des frommen Gesangs:

«Ich lieg im Streit und widerstreb,
hilf, o Herr Christ, dem Schwachen;

an deiner Gnad allein ich kleb,
du kannst mich stärker machen.
Kommt nun Anfechtung her, so wehr,
daß sie mich nicht umstoße;
du kannst machen,
daß mirs nicht bringt Gefähr.
Ich weiß, du wirst's nicht lassen.»

Und gottesselige Poeten versicherten laut genug, daß das Gebet
erhört würde:

«Gelobt sei Gott und hochgepriesen,
denn mein Gebet verwirft er nicht;
er hat noch nie mich abgewiesen
und ist in Finsternis mein Licht …»

Falls du unansprechbar bliebst, fiele es auf mich zurück.
Wenn die andern gejubelt haben, habe ich natürlich mitgejubelt,
und manchmal gelang es, ganz miteinzustimmen. Das waren Höhe-
punkte der Verschmelzung, und ich konnte mich, solange der Gesang
und das Harmonium tönten, wieder einig wissen mit der frommen
Schar der Brüder und Schwestern im Herrn. Das Gerede von der
Seelenverwandtschaft in dir hat mich tief beeindruckt, weil es mir
Hoffnungen gemacht hat in meinen Kontakt- und Beziehungs-
störungen, erst recht, wenn wie in vielen Liedern und Texten, von der
Schar der von dir Auserwählten die Rede war. (…)
Meine Grundgefühle dir gegenüber scheinen mir Wut und Trauer:
Wut über die jahrzehntelange Täuschung, die Qualen, die Zweifel,
die vergeblichen Hoffnungen; Wut über die Beschämung, die mich
überkommt, sobald ich mir vergegenwärtige, daß ich wie ein Bettler
hinter dir hergelaufen bin, mich selbst verleugnet habe. So wie du es
mit mir getan hast, könnte ein Mensch den anderen gar nicht zum
Narren halten. (…)
Ich habe darunter gelitten, so gut es mir möglich war, und du hat-
test dein Wohlgefallen daran. Du mußt dir jetzt andere zur Wohnung

suchen, weil ich ohne den ungebetenen Gast weiterleben möchte und meinen inneren Raum vielleicht für Menschen brauche, denen ich, *neben dir und mir,* zu wenig Platz gelassen habe.

ELSE LASKER-SCHÜLER

Mein blaues Klavier

Ich habe zu Hause ein blaues Klavier
Und kenne doch keine Note.

Es steht im Dunkel der Kellertür,
Seitdem die Welt verrohte.

Es spielen Sternenhände vier
– Die Mondfrau sang im Boote –
Nun tanzen die Ratten im Geklirr.

Zerbrochen ist die Klaviatür.....
Ich beweine die blaue Tote.

Ach liebe Engel öffnet mir
– Ich aß vom bitteren Brote –
Mir lebend schon die Himmelstür –
Auch wider dem Verbote.

ROSE AUSLÄNDER

Die Musik ist zerbrochen

In kalten Nächten wohnen wir
mit Maulwürfen und Igeln
im Bauch der Erde

In heißen Nächten
graben wir uns tiefer
in den Blutstrom des Wassers

Hier sind wir eingeklemmt zwischen Wurzeln
dort zwischen den Zähnen der Haifische

Im Himmel ist es nicht besser
Unstimmigkeiten verstimmen
die Orgel der Luft
die Musik ist zerbrochen

Bild
und Gleichnis

Seit Erschaffung der Welt
wird seine unsichtbare Wirklichkeit
an den Werken der Schöpfung
wahrgenommen.

Röm 1,20

OTHLO VON ST. EMMERAM

Über die Harmonie bei den Seligen

Nun sei noch von der Beschaffenheit der einzigartigen, weil himmlischen Harmonie die Rede, – so wie es der sie eben noch fassende
Glaube mir eingegeben hat, – die um so schwieriger darzulegen ist,
als sie jeglichen körperlichen noch sichtbaren Instruments entbehrt.
Denn nur was dem Glauben allein faßbar ist, kann im folgenden
jedermann dargetan werden. Doch da geschrieben steht: «Es ist der
Glaube fester Grund der zu erhoffenden Dinge, Erweis von dem,
was man nicht sieht» (Hebr 11), und unser Herr und Heiland, wie im
Evangelium zu lesen steht, die meisten himmlischen Geheimnisse
durch irgendwelche Zeichen an irdischen Dingen geoffenbart hat: So
meine auch ich, von dorther unterwiesen zu sein, und glaube, daß es
gar große Zeichen himmlischer Harmonie gibt, alle, von denen ich
bereits in bezug auf die Konsonanzen unseres Erdenlebens gesprochen habe und die jemals Instrumente innerhalb der Musik handha-
ben. Wie nun auf Orgel und Monochord, die ja die vorzüglichsten
Instrumente dieser Kunst sind, die mannigfachen Unterschiede der
einander folgenden oder voraufgehenden Töne durch das Intervall
der Oktave geeint werden: So glaube ich, verhält es sich auch im
himmlischen Bereich; nämlich dermaßen, daß – obschon der eine
Heilige zum anderen, nach Maßgabe der verschiedenen Verdienste
im Verhältnis der Sesquioktav (8:9), das ist des reinen Ganztons,
oder des Sesquialter (2:3), das ist der Quinte, oder der Sesquiterz
(3:4), das ist der Quarte, steht –, dennoch alle Heiligen, gemäß ihrer
Übereinstimmung in der christlichen Liebe, sozusagen der Oktave,
insgesamt als Eines ertönen, als Eines erkennen; und ihr Lob- und
Dankgesang erschallt sowohl zu Ehren der Konsonanz von Gott und
Mensch, – da Gott Mensch geworden ist –, als auch der Konsonanz
aller Zeitenkreise, der Elemente und Dinge, sowie auch zur gegensei-
tigen Verkündung ihrer Freuden, wobei diese gewisse, ewige Harmonie, entsprechend der verschiedenen Heiligkeitsgrade, verschiedene Tonhöhen umschließt, indem die größeren Heiligen die höhere,

die geringeren Heiligen die niedrigere Tonlage innehaben. Daß dies so sei, behaupte ich nicht, sondern wie gesagt, ich glaube es, indem ich weiß, was geschrieben steht: «Wir schauen jetzt durch einen Spiegel in Rätseln, dann aber», d. h. in einem zukünftigen Zeitenkreis, «von Angesicht zu Angesicht» (1 Kor 13). Und anderseits: «Denn im Glauben wandeln wir, nicht im Schauen» (2 Kor 5). Und wiederum: «Kein Auge hat es gesehen, kein Ohr hat es gehört, in keines Menschen Herz ist es gedrungen, was Gott denen bereitet hat, die ihn lieben» (1 Kor 2).

RUPERT VON DEUTZ

Über die Musik und inwiefern sie der Heiligen Schrift in hohem Grade zugehört

Ist unsere Musik etwa jener Musik fremd, von der in den heiligen Schriften die Rede ist? Im Gegenteil, sie gehört in hohem Grade zu ihr, ist den Weihehandlungen eigentümlich und ihnen vor allem anderen dienstbar und unentbehrlich. Nach Moses soll Jubal sie erfunden haben, der vom Geschlechte des Kain vor der Sintflut abstammte (Gen 4). In Wahrheit hat der heilige Geist die Musik als Gefährtin der Weisheit, als Beistand und Mitarbeiter der Gottesgelehrtheit durch David, den vorzüglichsten der Propheten, eingeführt ... Indem er Gottes Barmherzigkeit und Gerechtigkeit besang, war ihm sehr wohl das Zahlenverhältnis bekannt, auf dem die Kraft der Musik beruht, das später Pythagoras bei den Griechen aus dem Klang von Hämmern erkannt haben soll. Und ist es nicht staunenswert, daß Abraham, schon lange vor David, auf wunderbare, verehrungswürdige Weise Gottes Barmherzigkeit und Gerechtigkeit besang, nicht mittels Stimme oder Instrumenten, sondern nur mittels Zahlenverhältnissen, auf denen die Kraft der Musik beruht. Der Herr sprach nämlich: «Wenn ich mitten in der Stadt Sodoma 50 Gerechte finde, will ich ihr ihretwegen vergeben» (Gen 18). Als jener bei Fortsetzung der Unterredung und voll Vertrauen tief unterwürfig fragte: «Und wenn auf die fünfzig Gerechten fünf fehlen würden, würdest du wegen 45 die ganze Stadt zerstören?» und später: «Wenn aber bloß 40 gerecht erfunden würden, was würdest du tun? Und wenn dort nur 30 erfunden würden? Und wenn dort nur 20 erfunden würden?», so antwortete der Herr jedesmal: «Ich werde die Stadt nicht zerstören, wenn ich dort 45 finde, ich werde sie um 40, 30, 20 nicht verderben, ich werde sie um der 10 willen nicht vernichten.» Abraham verminderte nun aber die Zahlen auf diese Weise durchaus nicht zufällig, und nicht besser hätte er seine Söhne Barmherzigkeit und Gerechtigkeit besingen lassen können. Indem er nämlich (die Zahl der Gerechten) teilte, nahm er eine proportionale Minderung vor, um keine jener Proportionen auszulassen, die musikalische Töne ergeben. Denn 45 : 40 steht im Verhältnis des Sesquioktav (9 : 8) und ergibt den Ganzton; 40 : 30 steht im Verhältnis der Sesquiterz (4 : 3) und ergibt die Quarte; 30 : 20 steht im Verhältnis des Sesquialter (3 : 2) und ergibt den Quintklang; 20 ist doppelt so groß wie 10 und ergibt den höchststehenden Zusammenklang der Oktave; 30 ist 3 mal 10 und ergibt die Duodezime; 40 ist 4 mal 10 und ergibt die Doppeloktave. Wenn also hier keine der musikalischen Proportionen innerhalb dieser Zahlen fehlt, ist nicht anzunehmen, daß ein so gewaltiger Mann, als er mit Gott persönlich sprach, durch unbedachten Zufall, wie es ihm gerade in den Mund kam, diese so zerpflückt haben sollte.

HEINRICH SEUSE

«In dulci jubilo»

Da geschah es am Vorabend zum Engelsfeste, daß er (Seuse) in einer Erscheinung den Gesang der Engel und lieblichen himmlischen Klang vernahm. Davon ward ihm so wohl zumute, daß er alle Schmerzen darüber vergaß; ein Engel aber sagte: «So wie du gern von uns das Lied der Ewigkeit vernimmst, so wir gern von dir den

Gesang von der ewigen Weisheit.» Und fuhr also fort: «Das ist die Weise, welche die Auserwählten am Jüngsten Tage voll Freude singen werden, nun sie gewiß sind, daß sie immerwährender, ewiger Freude teilhaftig sein werden.»

Er hatte darauf am Festtage der Engel selbst viele Stunden mit der gleichen Betrachtung ihrer (himmlischen) Freuden verbracht; vor Tagesanbruch trat ein Jüngling zu ihm, der sich wie ein himmlischer, gottgesandter Spielmann verhielt; mit ihm kamen, ich weiß nicht wieviele, stattliche junge Leute, die sich ganz wie der erste benahmen, außer daß jener den anderen ein gewisses Ansehen voraushatte, als ob er ein Engelsfürst sei. Der kam ganz wohlgesinnt auf ihn zu und bedeutete ihm, sie seien von Gott zu ihm gesandt, um ihm in seinem Leid Freude zu bereiten; er solle, sagte er, seiner Leiden vergessen, sich zu ihnen gesellen und an ihrem himmlischen Reigen teilnehmen. Sie zogen den Diener bei der Hand zum Tanze, und der Jüngling fing an, ein frohes Lied zu singen von Jesus, dem Kindlein, das mit den Worten beginnt: «In dulci jubilo…» Als der Diener den geliebten Namen Jesu so lieblich erklingen hörte, da ward ihm so recht wohl um Herz und Sinn, daß ihm war, er habe nie zu leiden gehabt. Er sah voll Freude, wie sie den Reigen kühn und freudvoll sprangen. Der Vorsänger wußte alles gut einzurichten: Er sang vor und die übrigen nach; und sie sangen und tanzten mit freudig bewegtem Herzen. Der Jüngling wiederholte den Kehrreim wohl dreimal: «Ergo merito…» Dies Tanzen war nicht von dieser Welt: Es war wie ein himmlisches Ausströmen und ein Rückfluß in den unbekannten Abgrund göttlicher Verborgenheit. Solches und ähnlichen Trostes empfing er gar vielen in diesen Jahren, und das zumeist dann, wenn großes Leiden ihn bedrängte; und das ward ihm auf diese Weise erleichtert.

HEINRICH WÖLFLIN VON BERN

Über Bruder Klaus

Eine andere Vision noch ward ihm durch seine (in überirdische Regionen) hinausschweifende Phantasie. Einsame, weit von jeder menschlichen Siedlung abliegende Gegenden durchstreifend, sah er von weitem einen Greis von ehrwürdigem Äußern, in feierlicher Gewandung, entgegenkommen, der liebliche Lieder sang, die, einstimmig beginnend, dann in drei Stimmen kunstgerecht sich teilend und in eine Stimme zurückkehrend, mit wundersüßer Harmonie in seinen Ohren klangen. Im Geiste dies betrachtend, ward er überzeugt, daß er durch diese Erscheinung über die ungeteilte, in drei wunderbar zusammenstimmende Personen unterschiedene Gottheit in schlichtem Gleichnis belehrt worden sei.

MARSILIO FICINO

Harmonie als Bild des Göttlichen

Platon lehrt also, unsere Seele habe vor ihrer Einkörperung in himmlischen Gefilden gelebt, wie auch vor ihm schon Pythagoras, Empedokles und Heraklit auseinandergesetzt hatten. Dort erfreut sie sich an der Betrachtung des wahren Seins und nährte sich davon, wie Sokrates im Phaidros sagt. Weil nun die erwähnten Denker von Hermes Trismegistos, dem weisesten Ägypter, belehrt wurden, Gott sei die höchste Quelle und das Licht, in dem die Urbilder aller Dinge, die sie Ideen nennen, aufleuchten, glaubten sie, daraus folge notwendig, daß die Seele in der beständigen Betrachtung des göttlichen Geistes auch die wesenhafte Beschaffenheit aller Dinge deutlicher erkenne. Damals sah also, sagt Platon, die Seele die Gerechtigkeit selbst, sie sah die Weisheit, sie sah die Harmonie und eine wunderbare Schönheit der göttlichen Natur, und er nennt alle diese Dinge bald Ideen, bald göttliche Wesenheiten, bald erste Beschaffenheiten, die in Gottes ewigem Geiste seien, durch deren vollendete Erkenntnis die Seelen der Menschen, solange sie dort weilen, in vollem Glück sich nähren. Er glaubt, nie könnten die Menschen sich des Göttlichen wieder erinnern, wenn sie nicht durch eine Art sinnlich wahrnehmbarer Schatten und Abbilder dieses Göttlichen dazu angeregt würden. Deshalb lehren Paulus und Dionysius, die tiefsten Denker des Christentums, das Unsichtbare Gottes werde aus dem Geschaffenen erkannt, das hier sichtbar sei, und Platon stellt den Satz auf, Menschenweisheit sei ein Nachbild der Gottesweisheit. Er sagt, ein Nachbild der göttlichen Harmonie sei eben diese Harmonie, die wir mit Menschenstimmen und Musikinstrumenten hervorbringen, und ein Nachbild der göttlichen Schönheit eben die Harmonie und Schönheit, die durch die angemessenste Zusammenordnung der Teile und Glieder des Körpers zustandekommt. (...) Durch den Sinn des Gehörs aber nimmt die Seele wundersame Harmonien und Rhythmen auf, und durch diese Ebenbilder wird sie gemahnt und erregt zur göttlichen Musik, sie in tieferem, geistigen Sinne zu betrachten und zu verstehen. Die Ausleger Platons unterscheiden aber zwei Arten der göttlichen Musik; die eine existiert nach ihnen im ewigen Geiste Gottes, die andere aber in der Ordnung und den Bewegungen des Himmels, und dies sei die Musik, mit der die Himmelskörper und Himmelssphären eine wunderbare Harmonie hervorbringen. An beiden Arten der Musik habe unsere Seele teilgehabt vor ihrer Einschließung in den Körper. In dieser Finsternis aber hat er im Gehörsinn eine Art von Ritzen und heimlichen Gängen, und damit nimmt er, wie schon gesagt, Abbilder jener unvergleichlichen Musik auf. Durch sie wird er zu einer tiefinneren, schweigenden Erinnerung an die Harmonie gebracht, die er dereinst genoß, er brennt ganz vor Verlangen und möchte wieder die wahre Musik genießen, zur angestammten Heimat entfliegen, und weil er fühlt, daß dies zu erreichen ihm völlig unmöglich ist, solange er von den Finsternissen seiner körperlichen Behausung beschränkt ist, strebt er wenigstens danach, diese wahre Musik nach Kräften nachzubilden, deren voller Besitz auf Erden zu genießen ihm verwehrt ist.

LUKAS OSIANDER

Aus einer Gesangbuchvorrede

Ehrenhafte, wohlgelehrte liebe Herren und gute Freund, es beschließt der heilige Geist den Psalter des königlichen Propheten Davids (Ps 150) mit diesen Worten: Alles was Odem hat, lobe den Herrn, Halleluja. So dann alle Kreaturen (auf ihre Weise und wie sie Gott erschaffen) den Herrn loben sollen: Wie viel mehr gebührt solches uns Christen, die wir nicht allein von Gott zu seinem Ebenbild erschaffen, sondern auch durch den ewigen Sohn Gottes (der unser Bruder worden ist) erlöset und durch den heiligen Geist geheiliget sind: Auf daß alle unsere Werk zu Lob und Ehr der heiligen Dreifaltigkeit gerichtet und also der wahre, ewige einige Gott, in allem unserm Tun und Lassen, gepreiset werde. (...) Es hat auch der Allmächtige dem menschlichen Geschlecht diese Gabe mitgeteilt, daß man zumal mit vielen Stimmen, die doch alle lieblich und wohl zusammengehn, unsern lieben Herrn und Gott preisen kann. Und es muß freilich ein wunderlicher und störriger, unartiger Mensch sein, welcher eine gute, liebliche Music nichts achtet, sondern auch wohl etwa Verdruß darüber empfängt. Denn Gott hat in der Music etlicher Maßen auch die heilige Dreifaltigkeit abgebildet, in dem, daß nicht mehr als drei Stimmen können erfunden oder erdacht werden, die recht zusammen lauten: Will man aber mehr Stimmen haben, so müssen sie mit den dreien in die Oktaven fallen, da es gleich so viel ist, als wenn der dreien Stimmen eine wiederholt oder gedoppelt würde.

ANDREAS WERCKMEISTER

Der Mensch als das Ebenbild Gottes
soll seinen Schöpfer mit der Music preisen.

Als nun der Mensch von Gott als ein wohlgestimmtes harmonisches Wesen, ja zum Ebenbilde Gottes erschaffen, lebte er auch in wohlgestimmter Harmonia mit Gott, seinem Schöpfer, in Gerechtigkeit und Heiligkeit, die ihm, seinem Gott, gefällig war, bis die alte Schlange, der Teufel und Satanas, die Harmoniam, die Adam mit Gott hatte, verstimmete, so daß er dann mit seinem heiligen Schöpfer nicht mehr harmonieren konnte, weswegen er auch aus dem Paradiese verstoßen wurde . Er hätte auch nicht wieder mit Gott können vereiniget und zusammengestimmet werden, wenn er nicht sein Vertrauen auf des Weibes Samen – das ist auf Jesum Christum, welcher mit seinem Vater eins und in Ewigkeit harmonieren wird – gesetzet hätte.

Ist das nun nicht ein Großes, daß wir wissen, wie die Music ihren Ursprung aus Gott habe und daß wir als Ebenbilde Gottes mit Gott harmonieren können? Noch ein viel Größers aber ist es, daß, wenn wir unsern Glauben und Vertrauen auf das ewige harmonische Wesen – das ist auf Gott in Christo – setzen, mit Gott ewig harmonieren und in denselben sollen erfreuet werden. Diesen Spiegel haben wir nun gar klar in der Music, denn wie alle Zahlen so der Unität gar nahe sind, eine Harmoniam mit derselben machen, so können alle Menschen, wenn sie ihr Gemüt von Gott nicht entfernen, mit ihm harmonieren: Und gleichwie die Dissonantien in der Musica, wenn sie sich gar zu weit und greulich von ihrer Unität abwenden, zu keiner angenehmen Resolution können gebracht werden, so können die gar zu weit von Gott entfernten Sünder, wenn sie verstockt und sich nicht wieder zu Gott wenden, mit Gott nimmer vereiniget werden. Wie aber die Dissonantien, so von der Unität nicht weit abgelegen als Septimen, Sekunden und dergleichen, sich mit großer Anmutigkeit resolvieren lassen, so ist auch die Freude sehr groß, wenn ein Christ seine Fehler erkennet, von Herzen Buße tut und solche Dissonantien in der Zeit resolvieret. Und so haben wir in der Music allerhand schöne Spiegel unseres Christentums, wie wir drunten davon weiter vernehmen werden. (...)

Wenn wir nun weiter gehen, so sehen wir, daß der große Gott nicht allein alles harmonisch geschaffen, sondern er hat auch nach dem alles harmonisch zu bauen den Menschenkindern befohlen, welches in denen Proportionibus, was die Länge, Höhe und Weite belanget, sonderlich zu ersehen. Zum Exempel: Die Arche Noae war 300 Ellen lang, 50 breit und 30 hoch. Wenn man diese auf das Monochordum applicieret, so findet man *Triadem harmonicam C g' e"*. Also waren die Lade des Bundes, der Gnadenstuhl, der Tisch, die Hütte des Stifts, der Tempel Salomonis und alle Gebäude harmonisch nach den musikalischen Proportionibus aus Gottes Befehl gebauet: Sollte dieses wohl ohngefähr und ohne Ursache geschehen sein? Nein! Denn Gott der Herr saget zu Mose Exodus 25,40: «Siehe zu, daß du alles machest nach dem Bilde, das du auf dem Berge gesehen hast». Dieses alles ist hin und wieder in etlichen meinen Traktätlein weiter ausgeführet. Da nun diese Gebäude gewisse Vorbilder auf Christum sind, so erhellet abermals, daß Gott der Herr eine Lust und Gefallen an der Harmonie habe und ein harmonischer Gott sei.

WILHELM HEINRICH WACKENRODER

Aus: *Phantasien über die Kunst*

Wenn andre über selbsterfundene Grillen zanken, oder ein verzweiflungsvolles Spiel des Witzes spielen, oder in der Einsamkeit mißgestaltete Ideen brüten, die, wie die geharnischten Männer der Fabel, verzweiflungsvoll sich selber verzehren; – o, so schließ' ich mein Auge zu vor all dem Kriege der Welt, – und ziehe mich still in das Land der Musik, als in das Land des Glaubens, zurück, wo alle unsre Zweifel und unsre Leiden sich in ein tönendes Meer verlieren, – wo wir alles Gekrächze der Menschen vergessen, wo kein Wort- und Sprachengeschnatter, kein Gewirr von Buchstaben und mon-

ströser Hieroglyphenschrift uns schwindlich macht, sondern alle
Angst unsers Herzens durch leise Berührung auf einmal geheilt wird.
– Und wie? Werden hier Fragen uns beantwortet? Werden Geheimnisse uns offenbart? – Ach nein! Aber statt aller Antwort und
Offenbarungen werden uns luftige, schöne Wolkengestalten gezeigt,
deren Anblick uns beruhigt, wir wissen nicht wie; – mit kühner
Sicherheit wandeln wir durch das unbekannte Land hindurch, – wir
begrüßen und umarmen fremde Geisterwesen, die wir nicht kennen,
als Freunde, und alle die Unbegreiflichkeiten, die unser Gemüt
bestürmen, und die die Krankheit des Menschengeschlechtes sind,
verschwinden vor unsern Sinnen, und unser Geist wird gesund durch
das Anschaun von Wundern, die noch weit unbegreiflicher und erhabener sind. Dann ist dem Menschen, als möcht er sagen: «Das ist's,
was ich meine! Nun hab' ich's gefunden! Nun bin ich heiter und
froh!» (…)
  Wohl dem, der (müde des Gewerbes, Gedanken feiner und feiner
zu spalten, welches die Seele verkleinert) sich den sanften und mächtigen Zügen der Sehnsucht ergibt, welche den Geist ausdehnen und
zu einem schönen Glauben erheben. Nur ein solcher ist der Weg zur
allgemeinen, umfassenden Liebe, und nur durch solche Liebe gelangen wir in die Nähe göttlicher Seligkeit. –
  Dies ist das herrlichste und das wunderbarste Bild, so ich mir von
der Tonkunst entwerfen kann, – obwohl es die meisten für eitle
Schwärmerei halten werden. –
  Aber aus was für einem magischen Präparat steigt nun der Duft
dieser glänzenden Geistererscheinung empor? – Ich sehe zu – und
finde nichts, als ein elendes Gewebe von Zahlenproportionen, handgreiflich dargestellt auf gebohrtem Holz, auf Gestellen von Darmsaiten und Messingdraht. – Das ist fast noch wunderbarer, und ich
möchte glauben, daß die unsichtbare Harfe Gottes zu unsern Tönen mitklingt, und dem menschlichen Zahlengewebe die himmlische
Kraft verleiht. (…)
  Die Musik aber halte ich für die wunderbarste Erfindung, weil sie
menschliche Gefühle auf eine übermenschliche Art schildert, weil sie
uns alle Bewegungen unsers Gemüts unkörperlich, in goldne Wolken

luftiger Harmonien eingekleidet, über unserm Haupte zeigt, – weil
sie eine Sprache redet, die wir im ordentlichen Leben nicht kennen,
die wir gelernt haben, wir wissen nicht wo? und wie? und die man
allein für die Sprache der Engel halten möchte.

LUDWIG TIECK

Die Töne

Siehst du nicht in Tönen Funken glimmen?
Ja, es sind die süßen Engelstimmen;
In Form, Gestalt, wohin dein Auge sah,
In Farbenglanz ist dir der Ew'ge nah,
Doch wie ein Rätsel steht er vor dir da.
Er ist so nah und wieder weit zurück,
Du siehst und fühlst, dann flieht er deinem Blick,
Dem körperschweren Blick kann's nicht gelingen
Sich an den Unsichtbaren hinzudringen;
Entfernter noch, um mehr gesucht zu sein,
Verbarg er in die Töne sich hinein;
Doch freut es ihn, sich freier dort zu regen,
Die Liebe heller kömmt dir dort entgegen. –
Das war ich ehmals, ach! ich fühl' es tief,
Eh' noch mein Geist in diesem Körper schlief. –

HERMANN HESSE

Stimme zu Gott

Da, ein hoher starker Orgelton. Er füllt, anwachsend, den ungeheuren Raum, er wird selber zum Raume, umhüllt uns ganz. Er wächst und ruht aus, und andere Töne begleiten ihn und plötzlich stürzen sie alle in einem hastigen Davonfliehen in die Tiefe, beugen sich, beten an, trotzen auch und verharren gebändigt im harmonischen Baß. Und nun schweigen sie, eine Pause weht wie ein Hauch vor einem Gewitter durch die Hallen. Und jetzt wieder: Mächtige Töne erheben sich in tiefer, herrlicher Leidenschaft, schwellen stürmend hinan, schreien hoch und hingegeben ihre Klage an Gott, schreien nochmals und dringender, lauter, und verstummen. Und wieder heben sie an, wieder hebt dieser kühne und versunkene Meister seine mächtige Stimme zu Gott, klagt und ruft an, weint sein Lied in stürmenden Tonreihen gewaltig aus, und ruht und spinnt sich ein und preist Gott in einem Choral der Ehrfurcht und Würde, spannt goldene Bögen durch die hohe Dämmerung, läßt Säulen und tönende Säulenbündel hinansteigen und baut den Dom seiner Anbetung empor, bis er steht und in sich ruht, und er steht noch und ruht und umschließt uns alle, als schon die Töne verklungen sind.

Ich muß denken: Wie miserabel kleinlich und schlecht führen wir doch unser Leben! Wer von uns dürfte denn so vor Gott und vor das Schicksal treten wie dieser Meister, mit solchen Rufen der Anklage und des Dankes, mit so emporgebäumter Größe eines tiefgesinnten Wesens? Ach, man sollte anders leben, anders sein, mehr unterm Himmel und unter den Bäumen, mehr für sich allein und näher bei den Geheimnissen der Schönheit und Größe.

Die Orgel hebt wieder an, tief und leise, ein langer, stiller Akkord; und über ihn hinweg steigt eine Geigenmelodie in die Höhe, in wundervoll geordneten Stufen, wenig klagend, wenig fragend, aber aus geheimer Seligkeit und Geheimnisfülle singend und schwebend, schön und leicht wie der Schritt eines jungen hübschen Mädchens. Die Melodie wiederholt sich, ändert sich, verbiegt sich, sucht verwandte Figuren und hundert feine, spielende Arabesken auf, windet sich flüssig auf engsten Pfaden und geht frei und gereinigt wieder hervor als ein stillgewordenes, geklärtes Gefühl. Hier ist keine Größe, hier ist kein Schrei und keine Tiefe des Leidens, noch auch hohe Ehrfurcht, hier ist nichts als die Schönheit einer begnügten, frohen Seele. Sie hat uns nichts anderes zu sagen, als daß die Welt schön und voll von göttlicher Ordnung und Harmonie ist, ach, und welche Botschaft hören wir seltener und haben wir nötiger als diese frohe!

Man fühlt es, ohne es zu sehen, in der ganzen großen Kirche wird jetzt von vielen Gesichtern gelächelt, froh und rein gelächelt, und mancher findet diese alte schlichte Musik ein wenig naiv und veraltet, und lächelt doch auch und schwimmt mit in dem einfachen klaren Strom, dem zu folgen eine Wonne ist.

Man spürt es noch in der Pause, die kleinen Geräusche, Geflüster und Zurechtrücken in den Bänken, tönen froh und munter, man freut sich und geht befreit einer neuen Pracht entgegen. Und sie kommt. Mit großer, freier Gebärde tritt der Meister Bach in seinen Tempel, grüßt Gott mit Dankbarkeit, erhebt sich von der Anbetung und schickt sich an, nach dem Text eines Kirchenliedes seiner Andacht und Sonntagsstimmung froh zu werden. Aber kaum hat er begonnen und ein wenig Raum gefunden, so treibt er seine Harmonien tiefer, baut Melodien ineinander und Harmonien ineinander in bewegter Vielstimmigkeit, und stützt und hebt und rundet seinen Tönebau weit über die Kirche hinaus zu einem Sternenraum voll edler, vollkommener Systeme, als sei Gott schlafen gegangen und habe ihm seinen Stab und Mantel übergeben. Er wettert in zusammengeballten Wolken und öffnet wieder freie, heitere Lichträume, er führt Planeten und Sonnen triumphierend herauf, er ruht lässig im hohen Mittag und lockt zur rechten Zeit die Schauer des kühlen Abends hervor. Und er endet prächtig und gewaltig wie die untergehende Sonne und hinterläßt im Verstummen die Welt voll Glanz und Seele.

KARL BARTH

Das Nichtige und Mozart

Ich muß wieder einmal auf Wolfgang Amadeus Mozart zu sprechen
kommen. Warum und worin kann man diesen Mann unvergleichlich
nennen? Warum hat er für den, der ihn vernehmen kann, fast mit
jedem Takt, der ihm durch den Kopf ging und den er aufs Papier
brachte, eine Musik hervorgebracht, für die «schön» gar kein Wort
ist: Musik, die dem Gerechten nicht Unterhaltung, nicht Genuß,
nicht Erhebung, sondern Speise und Trank ist, Musik voll Trost und
Mahnung, wie er sie braucht, nie ihrer Technik verfallene und auch
nie sentimentale, aber immer «rührende», freie und befreiende, weil
weise, starke und souveräne Musik? Warum kann man dafür halten,
daß er in die Theologie (speziell in die Lehre von der Schöpfung und
dann wieder in die Eschatologie) gehört, obwohl er kein Kirchen-
vater und dem Anschein nach nicht einmal ein besonders beflissener
Christ – und überdies auch noch katholisch! – gewesen ist und, wenn
er nicht gerade arbeitete, nach unseren Begriffen etwas leicht gelebt
zu haben scheint? Man kann darum dafür halten, weil er gerade in
dieser Sache, hinsichtlich der in ihrer Totalität guten Schöpfung
etwas gewußt hat, was die wirklichen Kirchenväter samt unseren
Reformatoren, was die Orthodoxen und die Liberalen, die von der
natürlichen Theologie, die mit dem «Wort Gottes» gewaltig Bewaff-
neten und erst recht die Existentialisten so nicht gewußt oder jeden-
falls nicht zur Aussprache und Geltung zu bringen gewußt haben,
was aber auch die anderen großen Musiker vor und nach ihm so nicht
gewußt haben. Er war, in dieser Sache reinen Herzens, haushoch
über den Optimisten und über den Pessimisten. 1756–1791! Es war
die Zeit, in der man den lieben Gott wegen des Erdbebens von Lissabon in Anklagezustand versetzte und in der die Theologen und
andere brave Leute ihn deswegen mühsam genug zu verteidigen hatten. Mozart hatte hinsichtlich des Theodizeeproblems den Frieden
Gottes, der höher ist als alle lobende, tadelnde, kritische oder speku-
lative Vernunft. Es lag kampflos hinter ihm. Warum sich darüber

ärgern? Er hatte eben das gehört und läßt den, der Ohren hat zu
hören, bis auf diesen Tag eben das hören, was wir am Ende der Tage
einmal sehen werden: die Schickung im Zusammenhang. Er hat wie
von diesem Ende her den Einklang der Schöpfung gehört, zu der
auch das Dunkel gehört, in welchem aber auch das Dunkel keine Finsternis ist, auch der Mangel, der doch kein Fehler ist, auch die Traurigkeit, die doch nicht zur Verzweiflung werden kann, auch das
Düstere, das doch nicht zur Tragik entartet, die unendliche Wehmut,
die doch nicht unter dem Zwang steht, sich selbst absolut setzen zu
müssen – aber eben darum auch die Heiterkeit, aber auch ihre Grenzen, das Licht, das darum so strahlt, weil es aus dem Schatten hervorbricht, die Süßigkeit, die auch herbe ist und darum keinen Über-
druß nach sich zieht, das Leben, das das Sterben nicht fürchtet, aber
sehr wohl kennt. «Et lux perpetua lucet (sic!) eis»: auch den Toten
von Lissabon. Mozart sah dieses Licht so wenig wie wir alle, aber er
hörte die ganze von diesem Licht umgebene Geschöpfwelt. Und es
war bei ihm auch das von Grund aus in Ordnung, daß er nicht etwa
einen mittleren, neutralen Ton, sondern den positiven stärker hörte
als den negativen. Er hörte diesen nur in und mit jenem. Aber er
hörte in dieser ungleichen Verteilung doch beide zusammen (ein Exempel unter vielen: die Symphonie in g-moll von 1788!). Er hörte nie
abstrakt nur das Eine. Er hörte konkret, und so waren und sind seine
Hervorbringungen totale Musik. Und indem er die Geschöpfwelt
ganz ohne Ressentiment und unparteiisch hörte, brachte er eigentlich
nicht seine, sondern ihre eigene Musik hervor, ihr doppeltes, aber
doch übereinstimmendes Gotteslob. Er mußte und wollte eigentlich
nie sich selbst äußern und produzieren, weder seine Vitalität noch
seinen Herzenskummer noch seine Frömmigkeit noch irgend ein
Programm. Er war wunderbar frei von dem Krampf, selber durchaus
etwas sagen zu müssen oder zu wollen. Er gab sich vielmehr einfach
dazu her, gewissermaßen die Gelegenheit zu sein, bei der als die Stimmen der Schöpfung ein bißchen Holz, Metall und Darmsaite: die
Instrumente – vom Klavier und von der Violine über Horn und Kla-
rinette bis hinunter zum altersweisen Fagott, und irgendwo in ihrer
Mitte ohne besonderen Anspruch und gerade so hervorgehoben die

menschliche Stimme – bald führend, bald begleitend, bald im Zusammenklang alle je ihr Eigenstes gebend, sich alle einfach hören lassen, einfach spielen durften. Er hat eine jede von ihnen zum Klingen gebracht, auch die menschlichen Affekte nur im Dienst jenes Klingens und nicht umgekehrt! Er war selbst nur Ohr für jenes Klingen und sein Vermittler für andere Ohren. Und so starb er, als sein Lebenswerk, wie die Klugen sich erzählen, erst dazu reif geworden, seiner eigentlichen Erfüllung entgegenzugehen. Aber wer wollte nach der *Zauberflöte*, nach dem *Klarinettenkonzert* vom Oktober 1791 und dem *Requiem* sagen, daß es nicht getan war? Und war es nicht schon in den Werken des 18-, des 16-jährigen das Ganze gewesen? Hört man es nicht schon in dem, was uns von dem ganz kleinen Mozart erhalten ist? Er starb als eine Art «unbekannter Soldat» in der Misere und hat mit Calvin und in der biblischen Geschichte mit Mose dies gemeinsam, daß niemand weiß, wo er begraben wurde. Aber was hat das zu bedeuten? Was ist schon ein Grab, wo ein Leben diesen Dienst leisten, die gute Schöpfung Gottes, zu der auch des Menschen Grenze und Ende gehört, so – in dieser Einfachheit und Anspruchslosigkeit und eben darum in solcher Serenität, Glaubwürdigkeit und Eindringlichkeit – zur Sprache bringen durfte? Das mußte gerade hier eingeschaltet werden, weil wir es in der Musik Mozarts – ich frage: ob man das bei einem derer, die vor ihm und nach ihm waren, so auch findet?! – mit einem leuchtenden, ich möchte sagen: mit einem zwingenden Beweis dafür zu tun haben, daß es eine Verleumdung der Schöpfung ist, ihr darum, weil sie ein Ja und ein Nein in sich schließt, weil sie eine Gott, aber auch eine dem Nichtigen zugewendete Seite hat, das zuzuschreiben, daß sie selber am Chaos Anteil habe. Mozart macht hörbar, daß die Schöpfung auch nach dieser Seite und also in ihrer Totalität ihren Meister lobt und also vollkommen ist.

MANFRED HAUSMANN

Alte Musik

Die Noten sind aufs Cembalo gebreitet,
die Gambe ist, die Flöte zubereitet,
drei Flammen schweben über ihrem Docht.
Der Gram des Tages dämpft sich und der Wille,
und wir versinken in der großen Stille,
zu der die Stunde sich vermocht.

Und nun ereignet sich der Augenblick
des Anfangs wie ein schmerzliches Geschick,
da wir von aller freien Lust uns trennen
und uns ergeben diesem Strengen ganz,
dem tief Geheimen, dessen Ton und Glanz
zu schwierig ist, um ihn zu nennen.

Einsamste Weltennacht um uns. Wir ziehen
dahin mit den verschlungnen Melodien.
Schwermütig denkt die Gambe ihren Traum,
die Flöte singt das Sehnen und das Irren,
aber das Cembalo mit zartem Klirren
streut Sterne in den leeren Raum.

Und es geschieht ein sphärischer Gesang,
selig in sich und fern und todesbang,
und wird wie durchsichtig in seinem Wehen,
weht immer noch und dauert seine Frist,
und jeden überläuft es, und es ist,
als habe Gott hindurchgesehen.

Und dann zerbricht's und fällt und geht zu Ende.
Schwer legt das Schweigen sich auf unsre Hände.
Wir sitzen atmend da in Glück und Scham.

Wie gut wir uns auch waren beim Beginnen,
ach, jetzt gehören wir uns ganz da innen
so anders noch und wundersam.

BRUNO WALTER

Symphonischer Weltenlaut und Menschenherz

Immer erklang mir aus der Musik etwas geheimnisvoll Jenseitiges, das mir tief das Herz bewegte und mit beredter Überzeugungskraft auf einen transzendenten Inhalt hinwies.

Ich spreche hier natürlich von der Musik im allgemeinen, das heißt von der absoluten sowohl, die nichts als Musik ist, wie von der vokalen, die vom Wort beeinflußt wird. Doch nur scheinbar ist die letztere eine gegenständliche darstellende Kunst, deren Aufgabe hauptsächlich etwa in der schildernden Vertonung der Worte bestünde; tatsächlich vermag sie, während sie dem Sinn des Wortes Genüge tut, zugleich ihre volle eigengesetzlich musikalische Macht jenseits des Bereiches des Wortes zu entfalten. Sie nimmt das Wort mit auf ihren Flug durch ihr grenzenloses Eigengebiet, sie wandelt seinen Sinn in Musik, löst ihn in Musik auf, und so ist auch die Vokalmusik, wenigstens in den Werken der großen Meister, voll und ganz Musik. Die Tonkunst, aus kosmischen Ursprüngen stammend, empfing im Laufe ihrer Entwicklung durch das schöpferisch musikalische Genie des Menschen eine Steigerung ihrer Ausdrucksmacht bis ins Menschlich-Persönlichste, so daß Schopenhauer von ihr sagen konnte, sie gälte nichts anderem als «unserem Wohl und Wehe». Das aber ist – in seinem weitesten Sinn – überhaupt ein Grundthema jedes Menschenlebens, und so erklärt sich die unvergleichlich innige Beziehung des fühlenden Menschen zur Musik daraus, daß er in ihrem mächtigen symphonischen Weltenlaut zugleich sein eigenes Herz vernimmt.

Sehen wir ab von dem, was die Musik ausdrückt, wenden wir unseren Blick auf sie selbst, auf ihr Wesen, auf die hohe Ordnung in dem klingenden, bewegten Universum, das wir Musik nennen, in dem unverkennbar ein schaffendes Geistiges wirkt und sich offenbart, so erscheint sie uns als ein Gleichnis zur Schöpfung selber, in der der Logos waltet. Ich glaube sogar, daß dem Menschen kein unmittelbarerer Zugang zum Erahnen des Logos und seines Wirkens gegeben ist als durch die Musik, die von seinem göttlich schöpferischen und ordnenden Wesen tönende Kunde gibt.

Nicht nur musikfremde Naturen mögen es ablehnen, den Begriff der Musik, des musikalischen Schaffens und der nachschöpferischen Aufgaben in eine so hohe Vergleichslinie zu stellen. Man kann im gewöhnlichen Sinne des Wortes musikalisch sein, man kann Musik lieben und sogar mit Talent ausüben, und doch eine höhere als die rein-künstlerische Einschätzung der Musik verstiegen finden. Woher aber kommt es, sollten sich die Skeptiker fragen, daß seit jeher die Musik zu fast jeder bedeutenden gemeinsamen Feierlichkeit im Leben der Völker und insbesondere zu jenen feierlichen Handlungen, deren Sinn über das Irdische hinausweist, herangezogen wurde? Ist uns doch die kultische Verwendung der Musik zum Beispiel bei den Griechen bis zurück zur Zeit Homers bekannt. Diese Wirkung der Musik als Erhöhung der Feierlichkeit kann, glaube ich, nur daraus verstanden werden, daß sie nach oben weist; der tröstende Einfluß, den sie auf leidende Menschen ausübt, mag daher rühren, daß der oft als so sinnlos und quälend empfundene Text des Lebens – um in Schopenhauers kühner Metapher zu bleiben – in der Deutung durch die Melodie als sinnvoll erahnt wird. So ist auch seit jeher die Komposition geistlicher Texte wie der musikalische Teil des Gottesdienstes als eine legitime Anwendung der Musik betrachtet worden, und selbst diejenigen, die eine andere als die nur ästhetische Einschätzung der Musik ablehnen, dürften die Vertonung geistlicher Texte als natürlich und zum Gebiet der Musik gehörend empfinden. Der religiösen Gesinnung ebenso wie der nur-musikalischen Einstellung ist denn auch die Verbindung von Musik mit Religion durchaus einleuchtend gewesen. Die Weltbedeutung von Werken wie Bachs

Matthäus-Passion oder seiner *h-Moll-Messe,* Mozarts *Requiem,* Beethovens *Missa Solemnis,* Händels *Messias,* Bruckners *Tedeum* und so weiter, erwächst nicht nur aus der Bewunderung für ihre besondere künstlerische Höhe, sondern auch aus der allgemeinen Überzeugung, daß das Wesen der Musik dem Religiösen angemessen ist. Aus dieser Wesensnähe zur Religion folgt natürlich keineswegs, daß die Musik nur in Verbindung mit Worten oder Vorstellungen aus der Sphäre des Religiösen an unsere Seele mit ihrer transzendentalen Kunde rührt. Im Gegenteil! Sie vollbringt das unvergleichlich machtvoller noch allein, denn sie entfaltet ihre Beredsamkeit zur höchsten Eindringlichkeit in der absoluten, vor allem in der symphonischen Musik. Es sind gerade die Höchstformen der absoluten Musik, in denen sich das Walten des Logos am klarsten spiegelt und von uns gleichnishaft erahnt werden kann.

E. M. CIORAN

Der eigentliche Gottesbeweis

Wenn wir Bach hören, sehen wir Gott aufkeimen, sein Werk ist gottheitgebärend.

Nach einem Oratorium, einer Kantate oder Passion muß er existieren. Sonst wäre das gesamte Werk des Kantors nur eine zerreißende Illusion.

... Wenn man bedenkt, daß so viele Theologen und Philosophen Tage und Nächte damit verloren haben, nach Gottesbeweisen zu suchen, und den eigentlichen vergessen haben ...

Wenn ein musikalisches Motiv in uns versiegt, ist die Leere, die seinen Platz einnimmt, unbegrenzt. Nichts ist geeigneter, uns die Gottheit an den Randzonen des musikalischen Taumels zu enthüllen, als das innere wiederholte Erklingen einer Bachschen Fuge. Wenn uns ein Motiv und sein hochstimmendes Fieber erneut in den Sinn kommen, stürzen wir uns geradewegs in das Göttliche. Die Musik ist die endgültige Emanation des Universums, wie Gott die äußerste Emanation der Musik ist.

Die musikalische Meditation sollte der Prototyp des Denkens schlechthin sein. Welcher Philosoph ist jemals einem Thema nachgegangen, bis er es erschöpft hat, bis an dessen äußerste Grenze? Einen abschließenden, vollkommenen Gedanken gibt es nur in der Musik. Sogar nachdem man die tiefsinnigsten Philosophen gelesen hat, empfindet man das Bedürfnis, wieder am Nullpunkt anzufangen. Nur die Musik gibt uns endgültige Antworten.

HANS KÜNG

Spuren der Transzendenz

Wenn ich ohne Störung von außen, zu Hause allein oder auch mal im Konzert, ganz und gar intensiv Mozarts Musik aufzunehmen versuche, die Augen vielleicht geschlossen, dann spüre ich plötzlich, wie sehr ich vom Gegenüber des Klangkörpers losgekommen bin, nur noch den gestalteten Ton höre, Musik und sonst nichts. Es ist die Musik, die einen jetzt ganz umfängt, durchdringt und plötzlich von innen her klingt. Was ist geschehen? Ich spüre, daß ich gänzlich, mit Augen und Ohren, Leib und Geist nach innen gewendet bin; das Ich schweigt, und alles Äußere, alle Entgegensetzung, alle Subjekt-Objekt-Spaltung ist für einen Augenblick überwunden. Die Musik ist nicht mehr ein Gegenüber, sondern ist das Umfangende, Durchdringende, von innen her Beglückende, mich ganz Erfüllende. Mir drängt der Satz sich auf: «In ihr leben wir, bewegen wir uns, und sind wir.»

Doch dies ist bekanntlich ein Wort der Schrift aus der Rede des Apostels Paulus auf dem Areopag zu Athen, wo Paulus vom Suchen, Ertasten und Finden Gottes spricht, der keinem von uns fern ist, in dem wir leben, uns bewegen und sind. (...) Wahrhaftig, wie keine andere Musik so scheint mir Mozarts Musik – wiewohl keine himmlische, sondern eine durchaus irdische Musik – in ihrer sinnlich-unsinnlichen Schönheit, Kraft und Durchsichtigkeit zu zeigen, wie ganz fein und dünn die Grenze ist zwischen der Musik, der ungegenständlichsten aller Künste, und der Religion, die es schon immer besonders mit der Musik zu tun hatte. Denn: Beide, wenngleich verschieden, weisen ins letztlich Unsagbare, ins Geheimnis. Und wenngleich Musik nicht zur Kunstreligion werden darf, so ist doch die Kunst der Musik das geistigste aller Symbole für jenes «mystische Heiligtum unserer Religion», das Göttliche selbst. Anders gesagt: Mozarts Musik ist für mich nicht bloß dort religiös relevant, wo religiös-kirchliche Themen oder Formen vertont sind, sondern gerade durch die Kompositionstechnik der nonvokalen, rein instrumentalen Musik, durch die Weltdeutung seiner Musik, welche die außermusikalische Begrifflichkeit übersteigt. (...)

In bestimmten Momenten des Mitvollzugs mag es dem sensiblen, hörbereiten Menschen, einsam und doch nicht, geschenkt sein, sich in jenem vernünftig-übervernünftigen Vertrauen zu öffnen, von dem ich gesprochen habe: um feinhörig in dem reinen, ganz verinnerlichten und uns doch umfangenden wortlosen Klang etwa des Adagios des *Klarinettenkonzerts* in uns noch ein ganz Anderes zu vernehmen: den Klang des Schönen in seiner Unendlichkeit, ja, den Klang des einen Unendlichen, das uns übersteigt und für das «schön» kein Wort ist. Chiffren also, Spuren der Transzendenz! Man muß sie nicht, man kann sie wahrnehmen, hier gibt es keinen Zwang: Öffne ich mich, so kann ich gerade in diesem wortlos sprechenden Geschehen der Musik von einem unaussprechlich-unsagbaren Geheimnis angerührt werden, kann in diesem überwältigenden, befreienden, beglückenden Erleben der Musik die Anwesenheit einer tiefsten Tiefe oder höchsten Höhe selbst erspüren, erfühlen und erfahren. Reine Gegenwart, stille Freude, Glückseligkeit. Die religiöse Sprache braucht, um solche Erfahrung und Offenbarwerdung der Transzendenz zu umschreiben, noch immer das Wort «Gott», dessen Wesen (Nikolaus von Kues zufolge) gerade jene – auch für Mozarts Musik charakteristische – *Coincidentia oppositorum* ausmacht: die Versöhnung aller Gegensätzlichkeiten.

COLOMBARA

an einen ORGELMEISTER

rufe an das große glück und spiele BACH
laß mit fugen uns das all gewinnen
das in bildern selig wach
aus den innern himmeln brach
sich zu spiegeln in den frommen sinnen

spiele uns das schönste nachtgebet
mit den zungen allen stimmen:
fuge die das letzte licht erfleht
alle überflüsse noch erhöht
will die schöpfung immer neu beginnen

engelscharenglanz und litanei
hast erlauscht du und das klanggelingen
hast die seelenlust und es-durei
themen schönster blau-schalmey
durchgeführt ins sternenwiderklingen

spiele selig weiter spiele BACH
laß mit fugen uns das all gewinnen
das in bildern selig wach
aus den innern himmeln brach
sich zu spiegeln in den frommen sinnen

KLAUS HEMMERLE

Konsonanz von Musik und Schöpfung

Musik ist Rationalisierung von Unmittelbarkeit, indem sie über das bloß Rationale hinausschreitet. Das Größere und der Mensch, das Vermögen des Menschen über alle Ratio hinaus und die Kraft seiner Ratio, sich in die Sinnlichkeit zu entäußern und darin die Sinnlichkeit zu gestalten, klingen in der Musik ineinander. Dann aber klingen in der Musik ineinander: Mensch und Schöpfung. Natürlich ist der Mensch selbst ein Stück Schöpfung. In ihr stehend aber, steht er ihr zugleich gegenüber. Daß Schöpfung nicht nur vorhanden ist und nicht nur Effekte zu ihrer Erhaltung, ihrer Restitution, ihrem Wachstum erzielt, sondern daß Schöpfung selber «erklingt», kommt im Menschen zu sich, wird im Menschen vollbracht. Aber indem er dies vollbringt, indem er das Wort der Schöpfung birgt und entbirgt und das zugleich birgt und entbirgt, was mehr ist als bloß sagbares Wort, beansprucht er Schöpfung. Der Mensch braucht zumindest seine eigene Stimme, ihren Naturklang, und er beansprucht auf vielfältige Weise die Möglichkeiten der Natur, indem er sie nutzt und nachahmt und transformiert, auf daß sie ihm ihren Klang leihe für seine Musik. Der Mensch gibt der Stimme der Schöpfung sein Wort, er läßt zugleich mit seiner Stimme das in der Schöpfung geborgene Wort erklingen. Damit es aber erklinge, leiht er sich seine eigene Stimme bei den Möglichkeiten der Schöpfung aus. Melodie, Rhythmus und Harmonie, die Konstituenten von Musik, sind von der Schöpfung dem Menschen zugespielt, indem er zugleich darin sich selber ausdrückt und ausspielt.

Tönender Kosmos

Lobt ihn all seine Engel,
lobt ihn all seine Scharen!
Lobt ihn Sonne und Mond,
lobt ihn ihr leuchtenden
Sterne!
Ps 148,2f.

AMBROSIUS

Lobgesang der Engel

Es loben die Engel den Herrn, ihm psallieren die Mächte der Himmel, und noch vor Anfang unserer Welt rufen schon Cherubim und Seraphim mit dem süßen Wohllaut ihrer Singstimmen: «Heilig, heilig, heilig» (Jes 6,3). Unzählige tausende von Engel helfen ihnen dabei und die Ältesten und die große Heerschar lassen gleich dem Rauschen vieler Gewässer das Halleluja ertönen (Offb 19,1ff.). Der ausdruckstarke Vortrag läßt selbst die Himmelsachse mit gewissem süßen Wohllaut ewiger Harmonie sich drehen, damit dessen Ton bis zu den entferntesten Bereichen, wo gewisse Geheimnisse der Natur ruhen, vernommen würde. Und darin liegt nichts Naturwidriges, weil ja auch ein ausgestoßener Ruf aus den Wäldern mit anmutigem Schall zurückkehrt, oder aus den Bergen, und diese mit süßerem Klang das Empfangene wiedergeben. So findet die Natur selbst in Klippen und Steinen, was uns ergötzen könnte. Einerseits schafft die Lautwiedergabe Freude, anderseits das Wohlbekannte und Wohlgefällige. Selbst die wilden Tiere und Vögel werden durch den Reiz einer lieblichen Gegend oder einer melodischeren Stimme besänftigt. Und wie die Säuglinge Strenge erschreckt, so schafft Zärtlichkeit ihnen Wohlbehagen. Das Ergötzen ist ja etwas durchaus Natürliches.

So kam es, daß der heilige David, der wohl wußte, woher der Mensch gekommen und welcher Tücke zufolge er gestürzt war – denn wenn er stets dabei geblieben wäre, unerschöpfliche Danksagung für jene ihm von Gott dem Herrn gewährte, ewige und himmlische Erquickung darzubringen, anstatt im Banne generationenlanger Lockung sie zu vergessen, hätte er nie sich der Fron elender Mühsal beugen müssen –, danach strebte, jene Form der Danksagung wieder einzuführen, mittels des Psalmendienstes wiederherzustellen und uns so diese dem himmlischen Wechselgesang ebenbürtige Einrichtung schuf. (...)

David führt «die Himmel der Himmel» im Chor der gottlobenden Wesen auf. Ihn nachäffend brachten die Philosophen die Idee einer harmonisch erklingenden Bewegung von fünf Sternen (Planeten) sowie des Mond- und Sonnenballes auf, mit deren Sphären oder besser Bällen das Universum in enger Beziehung stehen soll. Diesem, wie sie glauben, eingefügt und gleichsam eingegliedert, seien sie in rückläufiger Bewegung begriffen und erlitten wegen ihrer Gegenbewegung zu den übrigen (Himmelskörpern) einen Zusammenstoß. Durch diesen Anprall nun sowie durch die Bewegung der Sphären selbst entstehe ein süßes Tönen voll Lieblichkeit und Kunstmäßigkeit und entzückendem Wohlklang. Bei ihrer gewaltsamen Teilung löse nämlich die Luft infolge einer kunstgerechten Bewegung, welche die hohen und tiefen Töne melodisch ausgleiche, mannigfache Harmonien voll Ebenmaß aus, so daß sie jegliche Lieblichkeit musikalischen Sanges überböten.

Fragt man nach der Glaubwürdigkeit dessen und verlangt man, sie möchten unsere Sinne, unser Gehör hiervon sich überzeugen lassen, sind sie verlegen. Wäre nämlich dem wirklich so, wie könnte es unserem Gehör, das selbst leisere Töne zu vernehmen pflegt, entgehen, wenn die Himmelskörper mit so gewaltigem Anprall aufeinanderplatzen? Wenn dort die Himmelssphäre, an welche man den Lauf der unaufhörlich rotierenden Sterne gebunden hält, eine von größeren Erschütterungen begleitete Umdrehung macht und akutes Getöse auslöst, hier ebenso gewaltiges der Mond? Wenn wir also darauf bestehen, daß wir von der Glaubwürdigkeit ihrer Behauptungen uns selbst durch unseren Gehörsinn überzeugen möchten, schützen sie vor, es seien unsere Ohren taub, es sei uns das Gehör abgestumpft worden, weil wir vom ersten Augenblick unserer Geburt an das Getöse gewohnt seien; und sie verweisen auf das Beispiel, wonach der Nil, der größte der Ströme, gerade dort, wo er in Katarakten von gewaltigen Bergeshöhen niederstürzt, mit seinem mächtigen Getöse die Ohren der Anwohner so betäube, daß ihnen das Hören vergehen soll. Doch die Wirklichkeit selbst gibt ihnen die leichte Antwort. Denn wenn wir den Donner vernehmen, der durch den Zusammenstoß der Wolken erzeugt wird, sollten wir die Rotationen so gewaltiger Himmelskörper nicht vernehmen, die doch ein um so mächtigeres Getöse erzeugen müßten, je größer die Geschwindigkeit ist,

mit der sie angeblich aufeinanderstoßen? Sie fügen außerdem noch
bei, daß dieses Tönen deshalb nicht zur Erde dringe, damit die Menschen nicht, entzückt von der Lieblichkeit und dem Wohlklang, den
jene rasche Bewegung der Himmelskörper auslöst, vom Aufgang bis
zum Niedergang ihre Beschäftigungen und Arbeiten verließen und
alles dahier infolge einer Art Verzückung des menschlichen Geistes
in die himmlischen Töne müßig bleibe. Doch überlassen wir das, was
unserem Interessenkreis und dem Texte der göttlichen Lesung gleich
fernliegt, «denen, die draußen sind». Wir unserseits wollen uns an die
Lehre der himmlischen Schriften halten.

DIONYSIOS AREOPAGITA

Aus: Die Hierarchien der Engel

Das also ist, soweit ich es begreife, die erste Ordnung der himmlischen Wesen; die im obersten Kreisrund um Gott stehen, unmittelbar an Gott. Einfach und schlicht schwingt ihr unablässiger Reigen in
der ewigen Erkenntnis Gottes um Ihn, so wie es ihrer immerleichten
Schwebe in der höchsten Rangstellung der Engel entspricht. Reinen
Blickes genießen sie die seligsten Anschauungen, sie werden von den
einfachsten und unmittelbarsten Strahlen funkelnd erleuchtet und
mit göttlicher Speise gesättigt. Diese stellt freilich in der ersten Er-
gießung aus der Quelle eine reiche Fülle dar, aber bei der Einheit-
lichkeit der urgöttlichen Labung, welche kein Vielerlei kennt und
alles in Einem enthält und in Einheit verwandelt, ist sie doch eben
nur Eins. Intensivster Gemeinschaft mit Gott ist diese höchste Triade
gewürdigt, an innigstes Mitwirken mit Seiner Herrlichkeit ist sie gewöhnt, ihr winkt das Los höchster Verähnlichung ihrer herrlichen
Eigenschaften und Taten, soweit es irgend möglich ist, mit den Seinen. Sie erkennt in bevorzugter Weise viele Geheimnisse des Göttlichen – ihr ist, so weit es überhaupt statthaft sein kann, Teilnahme
am göttlichen Wissen und Erkennen gewährt.

Deshalb hat auch die Offenbarung der Schrift uns Menschen der Erde die Lobgesänge überliefert, darin sich die Erhabenheit ihrer höchsten Erleuchtung heilig kundgibt. Denn ähnlich dem Rauschen vieler Wasser – um in der Sprache der Sinne zu reden – lassen die einen Glieder dieser Hierarchie den lauten Ruf erschallen: «Hochgelobt sei die Herrlichkeit des Herrn an ihrem Orte.»

Die anderen antworten, indem sie jenen vielgerühmten Gottespreis in tiefster Ehrfurcht laut und voll ertönen lassen: «Heilig, heilig, heilig, ist der Herr der Heerscharen, die ganze Erde ist angefüllt mit seiner Herrlichkeit.»

Diese erhabensten Lobgesänge der überhimmlischen Geister habe ich bereits in meinem Buch *Über die göttlichen Hymnen* nach bestem Vermögen beschrieben, und es ist über sie dortselbst das unserem Stande entsprechend Hinreichende schon gesagt. Hier genügt es, wenn ich darauf nur dies eine für den gegenwärtigen Augenblick wieder ins Gedächtnis zurückrufe: Durch die urgöttliche Güte nach Möglichkeit vom Wissen Gottes erleuchtet, teilt diese erste Ordnung, als eine gütige Hierarchie, auch dem Wesen der unter ihr folgenden Stufen der Reihe und Eignung nach alles mit, was diesen faßlich ist. Und damit legt sie uns, um es kurz zu sagen, die folgende Wahrheit nahe: Es ziemt sich wohl, mit gutem Grunde, daß die Ehrfurcht gebietende Urgottheit, über alle Maßen zu preisen, und über alle Maßen gepriesen, von den gottaufnehmenden obersten Geistern nach Möglichkeit erkannt und gepriesen werde. Denn diese sind, wie die Heilige Schrift sagt, die unmittelbar göttlichen Ruheorte der Urgottheit.

Noch eine zweite Wahrheit lehrt uns der Lobgesang dieser Hierarchie: Gott ist die Einheit und Allheit in drei Hypostasen. Er erstreckt seine liebreiche Vorsehung über die gesamte Schöpfung hin. Von den überhimmlischen Wesen herab zu den äußersten Dingen dieser Erde wiederholt sich die Ein- und Dreiheit in ihnen allen – Ursprung aller Ursprünge, Urgrund aller bestehenden Dinge – und hält alles in ihrer unüberzwingbaren Umschließung zusammen.

BRUDER PHILIPP DER KARTÄUSER

Engelsang und Harfenklang

Mein Bräutigam und der Herre mein,
der gibt dem Lande schönen Schein.
Er gibt auch dem selben Lande
Ehre und Freude mancherhande.
Die Freude nimmer Ende nimmt;
wenn der selben Freude geziemt,
nimmer den Betrübten mach,
die Freude ist gar ohn Ungemach.
Da ist steter Engelsang
und auch süßer Harfenklang.
Die Engel und die Seligen singen,
die Seligen mit den Engeln springen.
Mancherlei Saitenspiel
da ist, und süßes Tönen viel,
Leiern, Harfen und Geigen.
Niemand mag da des Lobes geschweigen.
Mein Bräutgam führt den Reigen da
die Heiligen tanzen alle na:
Er macht den Mädchen auch den Tanz.
Von Sternen trägt er einen Kranz.
Herr David und Herr Salomon
die harfen da den süßen Ton.
Loben, Schallen und das Singen,
Tanzen, Reigen und Springen
und mancherlei Kurzewil
ist da ohne Maßen viel.

FRIEDRICH GOTTLIEB KLOPSTOCK

Die Musik

Sterbliche nur genossen der Freuden froheste, reinste,
   Sie allein die Musik?
Und nicht auch die Bewohner der Leier, oder Apollos?
   Anderer Welten umher?
Wir entlocketen nur durch mannigfalte Berührung,
   Durch gelinderen stärkeren Hauch,
Lebende Töne den Formen, die jenen wir bildeten? hätten
   Stimmen allein zu Gesang?
Andre schüfen nicht auch, die Zauberhalle zu ordnen,
   Gang und Verhalt?
Irrt doch nicht so! Wie wisset ihr denn, ob dort, wo es schimmert,
   Nicht auch freue Musik?
Droben nicht töne lautere Form? nicht hellere Lippe
   Singend erschüttre das Herz?
Ob man vielleicht nicht selbst zu des Haines Geräusch, und der Weste
   Säuseln, stimme den rieselnden Bach?
Zum Einklange nicht bringe den Donnersturm mit dem Weltmeer?
   Die mit dem tausendstimmigen Chor?
Irrt doch nicht so! Es freut nicht allein in den Sternen; es freuet
   Auch in dem Himmel Musik.

FERRUCCIO BUSONI

Das Reich der Musik

Kommt, folgt mir in das Reich der Musik. Hier ist das Gitter, das
Irdisches vom Ewigen trennt.

Habt ihr die Fesseln gelöst und abgeworfen? Nun kommt. – Es ist nicht so, als wenn wir früher in ein fremdes Land traten; bald lernten wir dort alles kennen, und nichts überraschte uns mehr. Hier wird des Staunens kein Ende, und wir fühlen uns doch von Anfang an heimisch.

Noch hört Ihr nichts, weil Alles tönt. Nun beginnt Ihr schon zu unterscheiden. Lauscht, jeder Stern hat seinen Rhythmus und jede Welt ihren Takt. Und auf jedem der Sterne und jeder der Welten, schlägt das Herz jedes einzelnen Lebendigen anders, und nach seinem eigenen Müssen. Und alle Schläge stimmen überein und sind ein Einziges und ein Ganzes.

Euer inneres Ohr wird schärfer. Hört Ihr die Tiefen und die Höhen? Sie sind unmeßbar wie der Raum und unendlich wie die Zahl. Wie Bänder ziehen sich ungeahnte Skalen von einer Welt zur anderen, feststehend und ewig bewegt. Jeder Laut ist ein Zentrum unermeßlicher Kreise.

Und jetzt offenbart sich Euch der Klang! Ungezählt sind seine Stimmen, ihnen verglichen ist das Säuseln der Harfe ein Gepolter, das Schmettern von tausend Posaunen ein Gezirp.

Alle, alle Melodien, vorher gehörte und ungehörte, erklingen vollzählig und zugleich, tragen Euch, überhängen Euch, streifen Euch – der Liebe und Leidenschaft, des Frühlings und des Winters, der Schwermut und der Ausgelassenheit –, sind selbst die Gemüter von Millionen von Wesen in Millionen von Epochen. – Faßt Ihr eine davon näher ins Auge, so merkt Ihr, wie sie mit allen übrigen zusammenhängt, mit allen Rhythmen kombiniert, von allen Klangarten gefärbt ist, von allen Harmonien begleitet, bis in den Grund der Gründe und die Wölbung aller Wölbungen in den Höhen.

Nun begreift ihr, wie Planeten und Herzen eins sind miteinander und nirgends ein Ende, nirgends ein Hemmnis sein kann; daß das Grenzenlose in dem Geiste der Wesen vollständig und ungeteilt lebt; daß ein Jedes unendlich groß und unendlich klein ist zugleich: das Ausgedehnteste gleich einem Punkte; und daß Licht, Klang, Bewegung, Kraft identisch und jedes für sich und alle vereint das Leben sind.

JOSEF WEINHEBER

Aus: Symphonische Beichte

Wenn die Sphären mit Macht
ihre Wege dröhnen,
wenn die Sterne zur Nacht
durch den Weltraum tönen –

Wenn die Erde, so klein
vor dem großen Walten,
dennoch da will sein
mit Verderb und Erhalten –

Wenn die Blumen zart
wie Geschwister leben
und die Steine hart
ihnen Antwort geben –

Wenn im letzten Ding,
das der Schöpfer schuf,
sich ein Ruf verfing
in den andern Ruf:

Oh, dann nehmt das Gegebne in acht!
Was da ist, Gut und Bös, Tag und Nacht
will bestehn, will bestehn, will bestehn!
Sieh, es dreht sich, um schön sich zu drehn –

oh, es weht sich so schön als Gedicht
voller Tönung ins himmlische Licht,
und inmitten steht Gott und erweist
seine Liebe dem rhythmischen Geist.

HERMANN HESSE

Das Glasperlenspiel

Musik des Weltalls und Musik der Meister
Sind wir bereit in Ehrfurcht anzuhören,
Zu reiner Feier die verehrten Geister
Begnadeter Zeiten zu beschwören.

Wir lassen vom Geheimnis uns erheben
Der magischen Formelschrift, in deren Bahn
Das Uferlose, Stürmende, das Leben
Zu klaren Gleichnissen gerann.

Sternbildern gleich ertönen sie kristallen,
In ihrem Dienst ward unserm Leben Sinn,
Und keiner kann aus ihren Kreisen fallen
Als nach der heiligen Mitte hin.

HERMANN HESSE

Feierliche Abendmusik

Allegro

Gewölk zerreißt; vom glühenden Himmel her
Irrt taumelndes Licht über geblendete Täler.
Mitgeweht vom föhnigen Sturm
Flieh ich mit unermüdetem Schritt
Durch ein bewölktes Leben.
Oh, daß nur immer für Augenblicke
Zwischen mir und dem ewigen Licht
Gütig ein Sturm die grauen Nebel verweht!

Fremdes Land umgibt mich,
Losgerissen treibt, von der Heimat fern,
Mich des Schicksals mächtige Woge umher.
Jage die Wolken, Föhn,
Reiße die Schleier hinweg,
Daß mir Licht auf die zweifelnden Pfade falle!

Andante

Immer wieder tröstlich
Und immer neu in ewiger Schöpfung Glanz
Lacht mir die Welt ins Auge,
Lebt und regt sich in tausend atmenden Formen,
Flattert Falter im sonnigen Wind,
Segelt Schwalbe in seliger Bläue,
Strömt Meerflut am felsigen Strand.
Immer wieder ist Stern und Baum,
Ist mir Wolke und Vogel nahe verwandt,
Grüßt mich als Bruder der Fels,
Ruft mich freundschaftlich das unendliche Meer.
Unverstanden führt mich mein Weg
Einer blau verlorenen Ferne zu,
Nirgend ist Sinn, nirgend ist sicheres Ziel –
Dennoch redet mir jeder Waldbach,
Jede summende Fliege von tiefem Gesetz,
Heiliger Ordnung,
Deren Himmelgewölb' auch mich überspannt,
Deren heimliches Tönen
Wie im Gang der Gestirne
So auch in meines Herzens Taktschlag klingt.

Adagio

Traum gibt, was Tag verschloß;
Nachts, wenn der Wille erliegt,

Streben befreite Kräfte empor,
Göttlicher Ahnung folgend.
Wald rauscht und Strom, und durch der regen Seele
Nachtblauen Himmel Wetterleuchten weht.
In mir und außer mir
Ist ungeschieden, Welt und ich ist eins.
Wolke weht durch mein Herz,
Wald träumt meinen Traum,
Haus und Birnbaum erzählen mir
Die vergessene Sage gemeinsamer Kindheit.
Ströme hallen und Schluchten schatten in mir,
Mond ist und bleicher Stern mein vertrauter Gespiele.
Aber die milde Nacht,
Die sich über mich mit sanftem Gewölke neigt,
Hat meiner Mutter Gesicht,
Küßt mich lächelnd in unerschöpflicher Liebe,
Schüttelt träumerisch wie in alter Zeit
Ihr geliebtes Haupt, und ihr Haar
Wallt durch die Welt, und es zittern
Blaß aufzuckend darin die tausend Sterne.

MARIUS SCHNEIDER

Götter sind reine Klänge

Die brahmanischen Schöpfungsmythen erzählen, daß die ersten Menschen durchsichtige, leuchtende und klingende Wesen waren, die über die Erde flogen. Erst als sie sich zur Erde herabließen und Pflanzen zu essen begannen, verloren sie ihre Leichtigkeit und ihre eigene Leuchtkraft. Ihre Körper wurden undurchsichtig und das einzige, das von ihrer ursprünglichen Tonsubstanz übrig blieb, war ihre Stimme.

Auch die reine Materie entstand dadurch, daß die klingenden Urbilder erstarrten und klangarm (oder scheinbar sogar klanglos) wurden. Nichtsdestoweniger ist und bleibt nach altindischer Auffassung auch in der reinen Materie das eigentliche Substrat akustisch. Der Schall bildet das allen kosmischen Erscheinungen gemeinsame Urelement. Nur der Anteil oder die Lebendigkeit des Urklangs ist von Fall zu Fall verschieden. Götter sind reine Klänge. Von den anderen Lebewesen mit spontaner Stimmäußerung bis zu den Gegenständen, die nur durch Anschlagen einen Ton abgeben, sinkt die Größe und Art des Anteils zwar allmählich ab, aber es gibt trotzdem kein Ding, das nicht irgendeine verborgene Stimme hätte. Einen ganz spezifischen Anteil an der Ursubstanz hat der klingende Stein, insbesondere der vulkanische Phonolith, den man als die älteste Materie betrachtet. Felsen, die eine mehr oder weniger menschen- oder tierähnliche äußere Gestalt aufweisen, gelten sogar als versteinerte Götter oder Hymnen. Aus der gleichen Vorstellung von der Natur der Materie entspringt auch die Idee, daß Gestirne, Menschen und Tiere ebenfalls aus Steinen hervorgegangen sein könnten.

In dieser alten Naturphilosophie wurzelt die Schlüsselstellung, die der Gesang und seine Sichtbarwerdung in den steinernen Götteridolen im Kult innehatte. Da der Klang die allen Dingen und Wesen gemeinsame Ursubstanz darstellt und seine Entfaltung zum Liede die singende Kraft ist, die den Kosmos bewegt, so bildet der Gesang auch das einzige Mittel, mit den entferntesten Mächten in eine direkte und substantielle Wechselbeziehung zu treten. Singen oder rhythmisches Sprechen ist im tiefsten Sinne eine direkte Teilnahme an der Ursubstanz des Universums und ein aktives Aufrufen, Erschaffen und Handeln innerhalb der akustischen Grundschicht der Welt. Es ist eine Nachahmung des klingenden Befehls, der einst die Welt zum Leben aufrief, und zugleich ein Brückenbau zwischen Himmel und Erde auf Grund der beiden Welten gemeinsamen Tonsubstanz. Daher werden die Götter, die reine Lieder singen, durch Lobgesänge auch buchstäblich ernährt.

JOACHIM ERNST BERENDT

«*Gott hungert nach Liedern*»

Es gibt keine Kultur – von den Indern der Upanischaden bis zu den Juden der Psalmen, von den Babyloniern bis zu den Azteken, von den Ägyptern bis zu den Japanern, von den Sufis bis zu den Balinesen –, die nicht weiß und erfahren hat: Musik ist ein Lobgesang. Musik begann, um zu preisen. Um in Freude und Überschwang das Lob der Götter und Gottes zu singen. Das war der Beginn, der ihr Kraft gab. Diese Kraft trug sie. Überallhin – in Liebe und Trauer, in Sehnsucht und Ohnmacht, in Zorn und in Schmerz. Immer noch steckt dieser Beginn in ihr. Nur dem, der die Negativität in der Kunst braucht, um die eigene zu legitimieren, klingt es naiv, wenn jemand gegen Ende des 20. Jahrhunderts meint, Musik sei ein Lobgesang. Kein Zweifel – sie ist es – in Stockhausens *Licht* und in Messiaens *Turangalila,* in Coltranes *Love Supreme* und Miles Davis' *Bitches Brew,* in Ali Akbar Khans *Karuna Supreme* und in Strawinskys *Psalmen-Symphonie.*

Noch immer kann Musik die «Deichsel aus Lobgesängen» sein, von der die Upanischaden singen. Es war diese Deichsel, die den Wagen der Sonne zog: Die Sonne ginge nicht über den Himmel ohne sie.

Marius Schneider hat gezeigt, daß die Sanskrit-Wurzel *bra* sowohl *wachsen* wie *lobsingen* bedeuten kann. Sie steckt im Namen des Schöpfergottes *Brahma* und des *Brahmans,* des Kosmischen Prinzips. Also: Gott Brahma wuchs, indem ihm Lob gesungen wurde. Das Universum wuchs durch Gesang.

Martin Buber erinnert daran, daß die ersten Mythen Lobgesänge waren. Und Marius Schneider resümiert: «Gott hungert nach Liedern.» Nach lebenslangem Studium der Religionen und spirituellen Überlieferungen der Völker bezieht Schneider diesen Satz nicht nur auf die vedischen Mythen, sondern auf den gesamten mythischen Bestand der Völker der Menschheit. Für sie alle gilt: Im Gesang der Musik wächst die Welt. «Möge mein Lied, aus dem Öl träufelt und das voller Süßigkeiten ist, dem Gott Indra eine wohlschmeckende Speise sein!» singt ein Sänger des Ringveda.

Welcher Musik? Wir sind immer wieder darauf gestoßen: Unsere menschliche und irdische Musik bildet die Proportionen des Kosmos ab. Nicht jeder Zahlwert ist ein Ton, aber jeder Ton ist ein Zahlwert, und wir haben gefunden: Die Natur bevorzugt – weit hinausgehend über zufallsmathematische Wahrscheinlichkeiten – solche Zahlen, die gleichzeitig Töne sind. Daß «die Welt Klang» ist, wissen nicht nur die Mythen und Legenden der Völker, auch die gesicherten Ergebnisse der harmonikalen Grundlagenforschung und vieler anderer Disziplinen bestätigen es. Wir haben den Klangcharakter der Welt in DNS-Genen und in den *spins* der Elektronen, im Sonnenwind und im Erdmagnetismus, im Wetter und im Gesang der Blumen und Pflanzen bestätigt gefunden.

Die Frage stellt sich: Wenn unsere irdische Musik als Lobgesang begann und in vielen ihrer Schöpfungen immer noch Lobgesang ist und wenn menschliche Musik nur ein minimaler Ausschnitt aus der Musik des Universums ist, muß dann nicht auch die kosmische Musik – die Musik der Sphären und Milchstraßen, der Planetenbahnen und Elementarteilchen und Gene – zuallererst Lobgesang sein?

SRI AUROBINDO

Das göttliche Hören

Zu Deiner Stimme sind geworden alle Töne, alle Stimmen.
Der Vögel Zwitschern, die Musik, und wenn der Donner hallt,
Das Wortgemurmel und der Menschen sprachmelodisch' Singen,
Das Leben, wenn von seiner Freude und vom Leid es lallt.
Des Ozeans Gelächter, seines mächt'gen Frohsinns Schwall,
Durch stille Luft schwingt sich der Flugmotoren brummend'
    Dröhnen,

Des Autos Erdgesang, Trompeten, Raserei und Schall,
Der ratternde Maschinenlärm, das Heulen der Sirenen,

Und auf dem Windeshorn des Raumes diesen Lockruf blasen
Der lichten Fernen, des Mysteriums, Erinnerungsschemen
Von Meereswegen, von besonnten Ländern und Oasen, –
Das alles sind jetzt Deine Wundertöne, Deine Themen.

Geheimnisvolle Harmonie das blinde Herz durchschießt,
Schön wachsen all die Dinge, weil Du bist.

GEORG BRITTING

Das himmlische Konzert

Der Jubelschall! Posaunen und die Flöten
Anstimmen jetzt ein mächtiges Getön!
Aus fremden, prächtigen Musikgeräten
Strömt es heraus! Auch kann man welche sehn,

Die zupfen Herrliches aus goldnen Drähten!
Und Tubabläser, weißgesichtig, stehn,
Denen vom Blasen sich die Wangen röten!
Das ist Musik! Viel schöner noch als schön!

Nun singen sie! Das müssen Engel sein!
Habs nie geglaubt, daß es die Engel gibt!
Doch solche Stimmen sind schon ein Beweis!

Die Stille jetzt! Nur einer singt! Allein!
So glüht der Südwind durch Gebirg und Eis!
So singt nur er, der Herr! Nur er! Er liebt!

COLOMBARA

Nachtlied

die wälder sind ins blau gegangen
die sterne halten ihren atem an
und nächte sind vom höchsten licht verhangen
das sich die lust der himmlischen ersann.

die schönheit ist im traum versunken
fährt leuchtend mit dem silberschiff einher
und seelen – wie von nacht und küssen trunken –
verlieren sich hinaus ins äthermeer:

dort hören sie der engel fernes singen
und cymbelklänge süßer als terzian
die von den sternen in die herzen dringen
und führen sie zum göttlichen hinan.

Einsamkeit

stille du musik der sphären
öffne den weltinnenraum
laß die fernen sich gebären
unserm sehnen unserm traum

strahlen der arkture streifen
alle tiefen alle höhn
größer noch als licht und steigen:
unhörbares weltgetön

stille du musik der sphären
öffne den weltinnenraum
laß die sterne sich gebären
unserm schauen unserm traum

Alles, was atmet

Lobt ihn mit Pauken und Tanz,
mit Flöten und Saitenspiel!
Ps 150,4

Der 150. Psalm

Biblia Hebraica

הַלְלוּ יָהּ

הַלְלוּ־אֵל בְּקָדְשׁוֹ הַלְלוּהוּ בִּרְקִיעַ עֻזּוֹ:

הַלְלוּהוּ בִגְבוּרֹתָיו הַלְלוּהוּ כְּרֹב גֻּדְלוֹ:

הַלְלוּהוּ בְּתֵקַע שׁוֹפָר הַלְלוּהוּ בְּנֵבֶל וְכִנּוֹר:

הַלְלוּהוּ בְתֹף וּמָחוֹל הַלְלוּהוּ בְּמִנִּים וְעוּגָב:

הַלְלוּהוּ בְצִלְצְלֵי־שָׁמַע הַלְלוּהוּ בְּצִלְצְלֵי תְרוּעָה:

כֹּל הַנְּשָׁמָה תְּהַלֵּל יָהּ

הַלְלוּ־יָהּ:

Septuaginta

Ἀλληλουια.

Αἰνεῖτε τὸν Θεὸν ἐν τοῖς ἁγίοις αὐτοῦ,
αἰνεῖτε αὐτὸν ἐν στερεώματι δυνάμεως αὐτοῦ.
αἰνεῖτε αὐτὸν ἐπὶ ταῖς δυναστείαις αὐτοῦ,
αἰνεῖτε αὐτὸν κατὰ τὸ πλῆθος τῆς μεγαλωσύνης αὐτοῦ.
αἰνεῖτε αὐτὸν ἐν ἤχῳ σάλπιγγος,
αἰνεῖτε αὐτὸν ἐν ψαλτηρίῳ καὶ κιθάρα.
αἰνεῖτε αὐτὸν τυμπάνῳ καὶ χορῷ,
αἰνεῖτε αὐτὸν ἐν χορδαῖς καὶ ὀργάνῳ.
αἰνεῖτε αὐτὸν ἐν κυμβάλοις εὐήχοις,
αἰνεῖτε αὐτὸν ἐν κυμβάλοις ἀλαλαγμοῦ.
πᾶσα πνοὴ αἰνεσάτω τὸν κύριον.
αλληλουια.

Vulgata

Alleluia

Laudate Dominum in sanctis eius
laudate eum in firmamento virtutis eius
laudate eum in virtutibus eius
laudate eum secundum multitudinem magnitudinis eius
laudate eum in sono tubae
laudate eum in psalterio et cithara
laudate eum in tympano et choro
laudate eum in cordis et organo
laudate eum in cymbalis bene sonantibus
laudate eum in cymbalis iubilationis
omnis spiritus laudet Dominum
ALLELUIA

Luther-Bibel

Halleluja

Lobet den HERRN in seinem Heiligtum
Lobet ihn in der Feste seiner Macht
Lobet ihn in seinen Taten
Lobet ihn in seiner großen Herrlichkeit
Lobet ihn mit Posaunen
Lobet ihn mit Psalter und Harfen
Lobet ihn mit Pauken und Reigen
Lobet ihn mit Saiten und Pfeifen
Lobet ihn mit hellen Zimbeln
Lobet ihn mit wohlklingenden Zimbeln
Alles was Odem hat
Lobe den HERRN
Halleluja

CASPAR ULENBERG

Der hundertfünfzigste Psalm

Wohlauf, tut Gott hochrühmlich loben
In seinem Heiligtum hieroben
Preiset den Herren hochgeacht
Im festen Wesen seiner Macht
Lobsinget ihm in seiner Stärke
In seinen Taten heilger Werke
Die er zu seinem Ehrenpreis
Getan hat unerhörter Weis

Lobsinget ihm mit hohen Ehren
Dem mächtigen und starken Herren
Saget ihm Ehr gelegner Zeit
Nach seiner großen Herrlichkeit
Preiset ihn höchlich überalle
Mit Zinken und Posaunen Schalle
Und spielet ihm mit freiem Mut
Auf Zithern und auf Harfen gut

Lobpreiset ihn an Feudentagen
Mit Reigen und mit Trommelschlagen
Mit Saitenspiel von gutem Klang
Mit Pfeifen und mit Orgelsang
Tut ihm mit Zimbeln Ehre singen
Die helle sind und lieblich klingen
All was des Lebens Odem hat
Sag Ehr und Preis dem lieben Gott

MICHAEL ALTENBURG

Ein Danklied und Lob der Musik

Musiken Klang, lieblicher Gsang
erquickt allzeit das Herz zur Freud
das mit Trübsal beladen
Schön musiziert Andacht gebiert
die Kirch es ziert, wenn gsungen wird
von Gottes Wundertaten
Macht Freuden viel auf Saitenspiel
Gottes Wort ist wohl geraten.

Lobet mit Freud die Herrlichkeit
des HERREN fromm im Heiligtum
die Macht lobt seiner Feste:
Lobet mit Schall sein Taten all
den HERREN ehrt mit Lob vermehrt
sein Herrschaft ist die größte
Singe lieblich fein, Posaunen drein
und machts aufs allerbeste.

Lobt in der Still auf Psalterspiel
mit Harfen schön und Pauken Gtön
lobt unsern Gott am Reigen:
Singt mit Andacht, die Saiten schlagt
der Zimbeln Hall lieblich erschall
mit Pfeifen und mit Geigen
Was Odem hat, soll früh und spat
Gott loben und nicht schweigen.

IGNAZ WEITENAUER

Der hundert und fünfzigste Psalm
Lobet Gott, der allein auf alle Weise lobenswürdig ist.

Lobet Gott. (Psalm des Aggaeus und des Zacharias).
Lobet Gott in seinem Heiligtume:
lobet ihn in seinem mächtigen Sternehimmel.
Lobet ihn in seinen Wunderwerken:
lobet ihn nach der Vielheit seiner Größe.
Lobet ihn durch Posaunenschall:
lobet ihn mit Psaltern und Harfen.
Lobet ihn mit Pauken und Chören:
lobet ihn mit Saitenspiele und Handorgeln.
Lobet ihn mit wohlklingenden Zimbeln:
lobet ihn mit Zimbeln, die zum Frohlocken aufmuntern.
Ein jeder Atemzug lobe den Herrn.
Lobet Gott.

ROMANO GUARDINI

Lobet den Herrn an seiner heiligen Stätte,
lobt Ihn in seiner erhabenen Himmelsburg.
Lobt Ihn ob seiner gewaltigen Taten,
lobt Ihn in seiner höchsten Majestät.
Lobet Ihn durch den Schall der Posaune,
lobet Ihn mit Harfe und Zither.
Lobet Ihn mit Pauke und Reigen,
lobt Ihn mit Saitenspiel und mit Flötenklang.
Lobet Ihn mit klingenden Zimbeln,
mit schallenden Zimbeln lobet Ihn:
Alles, was Odem hat, lobe den Herrn.

JÖRG ZINK

Rühmet Gott in seinem Heiligtum,
Rühmet ihn in der Feste seiner Macht!
Rühmet ihn für seine mächtigen Taten,
Rühmet ihn um seiner Größe willen.
Rühmet ihn mit Hörnerschall!
Rühmet ihn mit Harfe und Leier!
Rühmet ihn mit Pauke und Reigen!
Rühmet ihn mit Saiten und Pfeifen!
Rühmet ihn mit klingenden Zimbeln!
Rühmet ihn mit schmetternden Zimbeln!
Alles, was Leben hat, alles, was atmet,
Rühme den Herrn!

MARTIN BUBER

Preiset oh Ihn!

Preiset Gott in seinem Heiligtum,
preiset ihn am Gewölb seiner Macht!
Preiset ihn in seinen Gewalten,
preiset ihn nach der Fülle seiner Größe!
Preiset ihn mit Posaunenstoß,
preiset ihn mit Laute und Leier,
preiset ihn mit Pauke und Reigen,
preiset ihn mit Saitenklang und Schalmei,
preiset ihn mit Zimbelnschall,
preiset ihn mit Zimbelngeschmetter!
Aller Atem preise oh Ihn!

Preiset oh Ihn!

ERNESTO CARDENAL

Psalm 150

Lobet den Herrn des Kosmos,
        das Weltall ist Sein Heiligtum
        mit einem Radius von hunderttausend Millionen
        Lichtjahren.
Lobt ihn
        den Herrn der Sterne
        und der interstellaren Räume,
Lobt ihn
        den Herrn der Milchstraßen
        und der Räume zwischen den Milchstraßen,
Lobt ihn
        den Herrn der Atome
        und der Vakuen zwischen den Atomen,
Lobt ihn
        mit Geigen, mit Flöten
        und Saxophonen,
Lobt ihn
        mit Klarinetten und Englisch Horn,
        mit Waldhörnern und Posaunen,
        mit Flügelhörnern und Trompeten,
Lobt ihn
        mit Bratschen und Violoncelli,
        mit Klavieren und Pianolen,
Lobt ihn
        mit Blues und Jazz
        und Sinfonieorchestern,
        mit den Spirituals der Neger
        und der Fünften von Beethoven,
        mit Gitarren und Xylophonen,
Lobt ihn
        mit Plattenspielern und Tonbändern,

Alles was atmet,
    lobet den Herrn,
      jede lebendige Zelle,
Halleluja!

PIERRE STUTZ

Lob annehmen

Staunen können
wie ein Kind

Mit offenem Mund
und ausgebreiteten Armen

Lob annehmen
Lob weitergeben

Im Loben Dir nahe sein

Nach Psalm 150

AUGUSTINUS

Die Heiligen Gottes

Lobt den Herrn in seinen Heiligen.
  Gemeint sind die Heiligen, die er verherrlicht hat.

Lobt ihn in der Feste seiner Kraft. Lobet ihn in seinen Kräften
  oder wie andere übersetzt haben: in seinen Mächten.

Lobt ihn nach der Menge seiner Größe.

All diese verschiedenen Benennungen bezeichnen die Heiligen Gottes gemäß dem, was der Apostel sagt: «Wir sollen Gerechtigkeit Gottes in ihm sein.» Wenn also die Heiligen die Gerechtigkeit Gottes sind, die Gott in ihnen gewirkt hat, weshalb sollten sie dann nicht auch die Kraft Gottes sein, die er in ihnen gewirkt hat, damit sie von den Toten auferstünden? Auch bei Christus tritt ja seine Kraft am meisten hervor in seiner Auferstehung, während in seinem Leiden seine Schwäche zutage trat, wie der Apostel sagt: «Zwar wurde er in Schwachheit gekreuzigt, aber er lebt aus Gottes Kraft», und an einer andern Stelle: «So möchte ich ihn und die Kraft seiner Auferstehung erkennen.» Treffend aber spricht der Psalmist von der Feste seiner Kraft. Denn eine gefestigte Kraft ist es, daß Christus nicht mehr sterben und der Tod keine Macht mehr über ihn ausüben kann. Weshalb sollte man ferner die Heiligen nicht auch Mächte Gottes nennen, wo doch er sie mächtig gemacht hat? Ohne Zweifel sind sie seine Mächte genau so, wie sie auch seine Gerechtigkeit sind. Denn was gäbe es Mächtigeres als ewig herrschen, nachdem alle Feinde besiegt wurden? Und weshalb sollten die Heiligen nicht auch die Menge seiner Größe sein? Nicht der Größe, die ihn selber groß macht, sondern jener Größe, durch die er unzählbar viele Heilige groß gemacht hat, wie es eine Gerechtigkeit gibt, kraft der Gott selber gerecht ist, und eine Gerechtigkeit, die Gott in uns wirkt, damit wir seine Gerechtigkeit seien.

Dieselben Heiligen sind auch unter all den Musikinstrumenten zu verstehen, die sodann als Werkzeuge des Lobes Gottes genannt werden. Denn nachdem der Prophet das Thema angeschlagen hat: «Lobt den Herrn in seinen Heiligen», führt er es auch bis zum Schluß durch, wobei er dieselben Heiligen mit verschiedenen Namen bezeichnet.

Lobt ihn mit Posaunenklang.

Denn der reine Klang dieses Instrumentes ist für das Lob der geeignetste.

Lobt ihn mit Psalterium und Kithara.

Das Psalterium lobt Gott von oben, die Kithara von unten: Himmelsbewohner und Erdenpilger preisen ihn, der erschaffen hat Himmel und Erde. Wir haben schon in einer andern Auslegung dargetan, daß das Psalterium den Resonanzboden, über den die Saiten gespannt sind, damit sie einen besseren Klang geben, oben hat, während derselbe bei der Kithara unten ist.

Lobt ihn mit der Pauke und im Chortanz.

Die Pauke lobt Gott, nachdem keine irdische Verderbnis mehr ihr verwandeltes Fleisch schwächt. Denn sie ist gemacht aus getrocknetem und gefestigtem Fell. Der Chor lobt Gott, wenn ihn die einträchtige Gemeinschaft lobt.

Lobt ihn mit Saiten und Organum.

Saiten haben das Psalterium und die Kithara, die soeben genannt worden sind. Organum aber ist der Sammelname für alle Musikinstrumente, obgleich es jetzt üblich ist, Organa nur solche Instrumente zu nennen, die durch Blasebälge zum Tönen gebracht werden. Ich glaube nicht, daß diese Gattung hier gemeint ist. «Organon» ist vielmehr ein griechisches Wort und bezieht sich, wie ich schon sagte, auf alle Musikinstrumente; das Instrument mit Blasebälgen nennen die Griechen anders. Bei den Lateinern und besonders beim gewöhnlichen Volk hat Organum noch seine allgemeine Bedeutung. Weil er also sagt: «Mit Saiten und Organum», scheint es mir, als wollte er ein Instrument, das Saiten hat, damit bezeichnen, denn nicht nur Psalterium und Kithara haben Saiten. Aber weil wir bei dem Psalterium und der Kithara wegen des Klanges von oben und von unten bereits eine geheimnisvolle Bedeutung gefunden haben, die in dieser Unterscheidung verborgen ist, so dürfte uns auch das hier genannte Saitenspiel an etwas andres gemahnen, was wir darin zu suchen haben, nämlich an das von der Verweslichkeit befreite Fleisch. Denn auch diese Saiten sind aus Fleisch verfertigt, das aber nicht mehr der Verderbnis unterworfen ist. Das Organum wurde hier vielleicht deshalb hinzugefügt, weil seine Saiten nicht einzeln erklingen, sondern trotz der Verschiedenheit der Töne einträchtig zusammenklingen gemäß ihrer Anordnung im Instrument. So werden nämlich auch einst die Heiligen Gottes ihre übereinstimmenden Unterscheidungen haben und keine mißtönenden, so wie zwar aus verschiedenen, aber unter sich nicht gegensätzlichen Tönen der süßeste Zusammenklang entsteht. Denn auch «ein Stern unterscheidet sich im Glanz vom Stern», sagt Paulus, «das gilt auch bei der Auferstehung der Toten».

Lobt ihn mit Zimbeln, die gut klingen, lobt ihn mit Zimbeln der Jubilation.
Die Zimbeln schlagen aneinander, um zu klingen, darum sind sie von manchen mit unseren Lippen verglichen worden. Aber ich glaube, die Stelle besser so zu verstehen, wenn ich sage: Gott wird mit Zimbeln gelobt, wenn ein jeder seinen Nächsten ehrt und nicht sich selbst, und alle, die sich so gegenseitig Ehre erweisen, geben Gott das Lob. Damit aber keiner in Zimbeln Instrumente sieht, die ohne Seele tönen, ist, so glaube ich, das «mit Zimbeln der Jubilation» hinzugefügt. Die Jubilation, das unsagbare Loblied, entspringt nur im Herzen. Im übrigen darf, so denke ich, nicht unerwähnt bleiben, was die Musiker sagen und was ja auch offenbar ist: daß es drei Arten von Tönen gibt, aus Stimme, Luftstrom und Schlag. Die Stimme des singenden Menschen tönt durch den Kehlkopf und die Luftröhre ohne ein anderes Werkzeug; der Luftstrom tönt mit Hilfe der Flöte oder etwas ähnlichem; der Schlag mit Hilfe der Kithara oder etwas ähnlichem. Keine dieser Arten ist hier übergangen: Die Stimme ist im Chor, der Luftstrom in der Posaune, der Schlag in der Kithara, gleichsam Verstand, Atem und Leib, die gleichen Äußerungen, aber in verschiedener Weise. Wenn er also anhub: «Lobt den Herrn in seinen Heiligen», zu wem sagte er das, wenn nicht zu ihnen selbst? Und in wem sollen sie Gott loben, wenn nicht in sich selbst? Denn ihr, seine Heiligen, sagt er, seid auch seine Kraft, aber er hat sie in euch gewirkt. Und ebenso seid ihr seine Macht und die Menge seiner Größe, die er in euch gewirkt und an euch offenbart hat. Ihr seid Posaune, Psalterium, Kithara, Pauke, Chor, Saiten, Organum und Zimbeln der Jubilation, schön klingende, weil sie zusammentönen.

Ihr seid alles das. Hier ist nichts verächtlich, hier ist nichts vergäng-
lich, nichts zu niederem Vergnügen: daran denkt keiner. Und weil das
Denken im Fleisch den Tod bringt, darum:

Lobe jeder Geist den Herrn.

HILDEGARD VON BINGEN

Die Schau: Das Hohelied der Gnade

Und nun hörte ich eine Stimme aus der lichtdurchstrahlten Luft. Sie
sprach zu mir:

Lobgesänge gebühren dem hehren Schöpfer mit unermüdlicher
Stimme des Herzens und Mundes, denn nicht nur die Stehenden und
Aufrechten, sondern auch die Fallenden und Gebeugten führt Er
durch seine Gnade zu den himmlischen Thronen. (...)

Deshalb soll, wer immer Gott im Glauben erkennt, Ihm lobsingen,
unablässig und getreu, und Ihm jubeln in Hingabe ohne Aufhören,
wie David, mein Knecht, den Ich mit dem Geiste der Tiefe und Höhe
durchströmte, von Mir ermahnt, sprach: «Lobet Ihn im Schall der
Posaune, lobet Ihn in Harfenklang und Zitherspiel. Lobet Ihn mit
Pauke und Reigen, lobet Ihn mit Saitenspiel und Flöte. Lobet Ihn
mit wohlklingenden Zimbeln, lobet Ihn mit den Zimbeln des Jubels: Alles, was Atem hat, lobe den Herrn!» (Ps 150). Das will
besagen:

Ihr, die ihr Gott in einfältiger Zielstrebigkeit und reiner Hingabe
kennet, anbetet und liebet, «lobet Ihn im Schalle der Posaune», das
heißt im Erkennen der Vernunft. Denn als der gefallene Engel mit
seinen Anhängern ins Verderben stürzte, verharrten die Reihen der
seligen Geister durch ihr vernünftiges Erkennen in der Wahrheit und
hingen Gott in treuer Hingebung an.

«Lobet Ihn» ferner «im Harfenklang» tiefer Unterwürfigkeit und
«im Zitherspiel» honigfließenden Gesanges. Denn Harfenklang und
Zitherspiel folgen auf den Schall der Posaune, wie nach den seligen

Geistern, die in der Liebe zur Wahrheit verharrten, der später er-
schaffene Mensch sich erhob: zuerst die Propheten in wunderbaren
Stimmen, dann die Apostel mit gewinnenden Worten.

Und «lobet Ihn mit der Pauke» der Todeshingabe «und im Reigen» des Frohlockens. Nach der Zither jubelt die Pauke und nach der
Pauke der Reigen. Denn nach den Aposteln, die die Worte des Hei-
les kündeten, erduldeten die Märtyrer zur Ehre Gottes viele Qualen
an ihren Leibern und erstanden die wahren Lehrer priesterlichen
Dienstes.

«Lobet Ihn mit dem Saitenspiel» der Erlösung der Menschheit
und «mit der Flöte» des göttlichen Schutzes, denn wenn der Reigen
sich schlingt, so erklingen Saiten- und Flötenspiel. So traten, als die
wahren Lehrer im Dienste der Seligkeit die Wahrheit kündeten, die
Jungfrauen hervor, die den Sohn Gottes als wahren Menschen –
gleichsam im Saitenspiel – liebten, und als wahren Gott – gleichsam
im Flötenspiel – anbeteten, weil sie Ihn im Glauben wahrhaft als
Gott und Menschen erkannten. Ihn erwählten sie zum Bräutigam,
der die Glorie der Gottheit nicht preisgab, als Er zum Heile der Menschen Fleisch annahm. Und so empfingen sie Ihn in gläubiger Hingabe zur Vermählung, weil Er wahrer Mensch ist, und zugleich in
Unberührtheit, weil Er wahrer Gott ist.

Aber «lobet Ihn auch mit wohlklingenden Zimbeln», das heißt, in
jenen Begnadigungen, die in wahrer Freude hell erklingen, wenn die
Menschen, die in den Abgründen der Sünde darniederliegen, durch
den göttlichen Hauch erweckt, aus den Tiefen zur himmlischen
Höhe emporsteigen.

«Lobet Ihn endlich mit Zimbeln des Jubels», das heißt, mit den
Bejahungen göttlichen Lobes, in denen die starken Gotteskräfte
machtvoll den Sieg erkämpfen, die Laster in den Seelen niederzwin-
gen und die Menschen, wenn sie im Guten beharrlich sind, in star-
kem Sehnen zur Beseligung des wahren Lohnes führen.

So «lobe alles, was Atem hat, den Herrn», das heißt, jeder, der willens ist, an Gott zu glauben und Ihn zu ehren, lobe Ihn, der Herr über
alle ist. Denn billig ist es, daß der, der das Leben begehrt, den ver-
herrliche, der das Leben ist.

HONORIUS AUGUSTODUNENSIS

Der 150. Psalm

Lobet Ihn mit Tubaklang: Mit der Tuba ist der Sieg gemeint, weil Sieger Tuba zu blasen pflegen, wenn ein Krieg beendet und der Feind vertrieben ist; lobet Ihn also für den Sieg, durch den ihr den Teufel überwandtet und nach Unterjochung der Feinde von Leib und Seele siegreich in die ewige Burg einzoget. (...)

Lobet ihn mit Psalter und Kithara: Der aus der Höhe tönende Psalter bedeutet die Seele, die aus der Tiefe tönende Kithara den Leib; so lobet denn den Herrn, weil Er euch an Leib und Seele verherrlicht hat. Mit dem Psalter ist auch das beschauliche, mit der Kithara das tätige Leben gemeint; lobet den Herrn, weil ihr beschaulich und tätig lebtet, wofür ihr ewigen Preis empfindet. (...)

Lobet Ihn mit Tympanum und Chor: Das Tympanum wird aus getrocknetem und haltbarem Fell gefertigt, dieses bedeutet das umgewandelte, vor aller Verderbnis gefeite Fleisch. So lobet denn den Herrn, weil Er euer ehedem schwaches Fleisch durch solches Feien umwandelte, daß es fortan keinerlei Verderbnis anheimfallen kann.

Der Chor ist ein einträchtiges Zusammenklingen der Sänger, darunter ist die Gemeinschaft der Engel und Menschen zu verstehen, die in einträchtigem Jubelsang Gott loben; so lobet denn den Herrn, weil ihr in diesen Chor eintratet und diesen Sängern beigesellt seid.

Lobet Ihn mit Saiten und Orgel: Saiten sind gedörrte, gespannte, wohlklingende Tierdärme, sie bezeichnen die verinnerlichten, durch Nachtwachen und Fasten ausgedörrten, durch heiligmäßige Meditation angespannten, die übersüße Melodie reinen Gewissens zum Ertönen bringenden Gedanken der Gerechten. Die Orgel mit ihren verschiedenen, miteinander in einmütiger Tonfolge konsonierenden Pfeifen bezeichnet die verschiedenen, in einmütiger Liebe untereinander nicht dissonierenden Taten der Heiligen.

Lobet den Herrn mit Saiten, das heißt: für heiligmäßige, gleich Saiten süßtönende Gedanken. Lobet den Herrn auf der Orgel, das heißt: für gute, gleich Orgeln süß erdröhnende Taten.

Lobet Ihn mit wohltönenden Zimbeln: Die Zimbeln glänzen und klingen, nachdem sie in der Flamme geschmolzen wurden. Sie bezeichnen die Leiber der Heiligen, die, wenn sie hier das Feuer der Drangsal durchschritten haben, gleich der Sonne erstrahlen und das Lob Gottes ertönen lassen.

Mit solchen Zimbeln, das heißt: Mit den verherrlichten Leibern der Heiligen lobet den Herrn, mit solchen Zimbeln des Jubels, das heißt: mit den gerechtfertigten Seelen. Denn Jubel ist unsägliches Lob Gottes, das nur durch die Seele dargebracht werden kann.

Und was soll ich sonst noch sagen?

Das neue Lied

Singt ihm ein neues Lied,
greift voll in die Saiten
und jubelt laut!

Ps 33,3

ODEN SALOMOS

Aus: Ode 40
Hoffnung, Hymnen und Erlösung

I

Wie der Honig träufelt von der Wabe der Bienen
und die Milch rinnt von der ihre Kinder liebenden Frau,
so ist auch meine Hoffnung auf dich, mein Gott.

II

Wie die Quelle hervorsprudelt ihr Wasser,
so sprudelt mein Herz hervor Hymnen des Herrn,
und meine Lippen lassen herausgehn für ihn den Hymnus.

III

Und meine Zunge ist süß bei seinen Antiphonen,
und üppig sind meine Glieder bei seinen Oden,
und es jauchzt mein Antlitz in seinem Jubel,
und es jubelt mein Geist in seiner Liebe,
und meine Seele leuchtet auf in ihm.

ISAAK VON ANTIOCHIEN

«Gut ist es, den Herrn zu preisen»

Im Dezember, dem Monat, der den Bewohnern durch Musik den
Schlaf zu rauben pflegt, hörte ich in jeder Nacht den Ton der Zithern,
Orgeln und Sackpfeifen vor den Palästen der Vornehmen erklingen.
So süß auch der Schlaf zur Nachtzeit ist, horchte man doch gern auf
die Musik. Der jubelnde Klang der Hörner triumphierte über den
Schlaf. Während die Vorübergehenden ihre Füße möglichst still und
geräuschlos fortbewegten und den Schall ihrer Schritte dämpften,

während überall der Lärm vom Schweigen verscheucht war, erfreute man sich am Klange der Zither. (...)

An einem dieser Tage nun ertönte die Orgel laut, als wir in tiefen Schlaf versunken waren, so daß ich, als ich sie hörte, erschreckt zusammenfuhr. Da eilten wir, ich und die bei mir befindlichen Brüder, uns zu erheben zum heiligen Dienst. Da kam uns gerade ein so recht auf die Gelegenheit passender Psalm (Ps 92). Denn nachdem wir soeben den nichtigen Schall verwünscht hatten, trafen wir alsbald auf jenen lieblichen Psalm, welcher es unternahm, die von der Weltlust aufgestellten Instrumente mit diesen Worten zu tadeln: «Es ist gut den Herrn zu preisen und Deinem Namen, o Höchster, zu lobsingen». Dieser ganze Psalm ist gleichsam bestimmt zum Kampf gegen den Toren, welcher Menschen preist und einem sterblichen Namen lobsingt. Die Gnade hat ihn ausgerüstet, um die verächtlichen Melodien zu vertreiben, um abzuschaffen und auszustoßen jene verderblichen Lieder, welche die ruhenden Sinne zur Unkeuschheit und Ausgelassenheit aufwecken. Die Harfe Davids bot sich mir dar und ich ergriff sie, um sie zu schlagen und so gleichsam jene rasenden und ausschweifenden Töne zu vertreiben, welche dem bösen Geist Sauls gleichen. Das Saitenspiel des Sohnes Jesses ist gewohnt, den bösen Geist zu verscheuchen, den von Dämonen Gequälten Verstand und den Rasenden Einsicht zu verleihen. Denn David sang dem König Saul vor, um ihn aus einem Wahnsinnigen zu einem Verständigen zu machen. Und vielleicht sang er dem Saul gerade diesen Psalm vor: «Gut ist es, den Herrn zu preisen», also nicht dich, einen vergänglichen König, «und dem Namen des Höchsten zu lobsingen», also nicht dem Sohne des Kisch. Der törichte Saul merkte nicht, daß David so sang; er meinte, daß dieser ihn verherrlichen wollte, während er doch dem Herrn lobsang. Der Rasende bemerkte nicht, daß Davids Worte nicht bestimmt waren, ihn zu preisen. Vielleicht murmelte auch David vor Saul diese Rede nur zwischen den Lippen.

Aber auch zu meiner heilsamen Ermahnung hatte mir die göttliche Gnade diese Worte: «Es ist gut, den Herrn zu preisen und Deinem Namen, o Höchster, zu lobsingen» zur rechten Zeit in Erinnerung gebracht. Denn der süße Klang der Orgel hatte auch meinen Sinn an sich gezogen und dadurch die Saiten meiner Geistesharfe erschlafft. Als ich so dieser Musik mit Wohlgefallen nachhing, erschien dieser Psalm, um meine schlaffgewordenen Saiten wieder anzuspannen. Er riß mich von der Melodie los, die mich gefesselt hatte, und unterjochte mich dem Staunen über seinen Inhalt. Ich sang ihn also, wie geschrieben steht, zugleich mit meinem Geiste und meinem Verstande; während der Rezitation kostete ich auch das Verständnis seines Inhaltes. Während sich die Zunge mit der Rezitation beschäftigte, übte sich der Verstand an der Auslegung; die Gewohnheit ordnete die Worte an, aber der Verstand entwarf ihre Deutung. Die Überlegung verband sich mit der Zunge und die Auslegung mit der Rezitation, während sich über alle vier wie über einen Wagen der Verstand als Wagenlenker erhob. Er trieb die Worte so, daß sie ihr Verständnis zeigen und ihn anweisen mußten, wie er jenen verkehrten Gesang von sich stoßen könne.

«Gut ist es, den Herrn zu preisen», und kein Gut ist uns verliehen, was diesem an Wert gleichkäme. (…)

Lasset uns Christus preisen, der uns von jenen Nichtigkeiten ferngehalten und uns dafür heilige Nachtwachen mit geistlicher Psalmodie geschenkt hat! Uns ist das Erstgeburtsrecht zugefallen. Meine Brüder, saget Gott dafür Dank, daß ihr des gleichen Dienstes wie die Himmelsgeister gewürdigt worden seid; denn derselbe stellt uns die Schwingen der Engel dar. In den Nachtwachen erhebet die Stimmen, auf daß sie zu den Türmen der Höhe empordringen und Christus, den König der Könige, in seinem Palaste preisen! Schlaget die Saiten und jubelt, damit sich euer Schall mit dem der Engel vermische und zwischen ihren und unseren Stimmen kein Raum für das Stillschweigen übrig bleibe! Bei seiner Wiederkunft möge er uns des ewigen Lebens würdigen, so daß wir zu seiner Rechten gefunden werden! Auch mich möge seine Barmherzigkeit reinwaschen um der Fürbitte seiner Freunde willen! Ja und Amen!

MARTINUS AGRICOLA

Die Zehnte Historia

Schließlich, so man den Worten (wie gemeldt)
Als menschlichem Geschwätz nicht gläuben wöllt
So will ich kürzlich erzählen behend
Historien aus'm alten Testament

Welchen wir gläuben müssen als Gotts Wort
  Darin das Lob dieser Kunst auch gehört
Wie Gott Mose selber befohlen hat
    Sie zu gebrauchen früh und spat
Da der Geist des Herrn vom König Saul wich
    Und ihn der böse Geist gar bald beschlich
Da schickt Saul aus und ließ auf frischem Schritt
    Holen den Sohn Isai gnannt David
Weil er mit seiner Harfen daher trat
    Fand er vor des Königs Augen groß Gnad
Wenn nu der Geist Gottes über Saul kam
    Gar bald der David seine Harfe nahm
Und spielet mit seiner Hand gar lieblich
    So erquickt sich Saul und ward sittiglich
Auch wich der böse Geist ganz schnell und plotz
    Denn David war ein erwählter Mann Gotts

Die Elfte Historia

Auch da zu Jerusalem ward einbracht
    Die Lade Gotts mit herrlicher Pracht
Ging David tanzend mit fröhlicher Seel
    Und spielt mit dem ganzen Haus Israel
Vor'm Herrn her mit allerlei Saitenspiel
    Von Tannen Holze und der waren viel

Als Harfen, Psalter, Schellen, Trompeten
Auch Pauken, Zimbeln, Posaun sie hetten

Die Fünfzehnte Historia

Auch wie der David hat applicieret
  Sein Psalmen und auf der Harf hofieret
Darnach sollen wir Christen uns richten
  Das wir mitsingen, spielen und dichten
Allein des einigen Gotts Lob süchen
  Wie uns wird gemeldt in heiligen Sprüchen.
Desgleichen uns Sankt Paulus unterricht
  zu den Kolossern, da er also spricht:
Laßt das Wort Gotts reichlich in euch wohnen
  In aller Weisheit tut euch vermahnen
Mit Psalm, Lobsingen und geistlichen Liedern
  Solchs macht ruchbar unter allen Brüdern
Singet dem Herrn in euerm Herzen rein
  Wort und Werk solln im Namen des Herrn sein. (…)

JOHANNES CALVIN

Singen mit Herz und Mund

Was nun die gemeinsamen Gebete angeht, so gibt es deren zweierlei:
Die einen werden mit schlichten Worten vorgetragen, die andern mit
Gesang. Und das ist keine Erfindung aus allerjüngster Zeit. Denn seit
den ersten Anfängen der Kirche gab es das, wie aus der Geschichte
klar hervorgeht. Und selbst der heilige Paulus spricht nicht nur vom
Beten mit dem Mund, sondern auch vom Singen (1 Kor 14,15). Und
wahrhaftig, wir wissen aus Erfahrung, daß das Singen große Kraft

und Wirkung hat, die Herzen der Menschen zu bewegen und zu entflammen, so daß sie Gott mit heiligerem und glühenderem Eifer anrufen und loben. Man sollte stets darauf achten, daß das Singen nicht oberflächlich und flatterhaft sei, sondern Gewicht und Würde habe (wie der heilige Augustinus sagt), und daß man sorgfältig unterscheide zwischen der Musik, die gemacht wird, um die Menschen bei Tisch und zu Hause zu erfreuen, und den Psalmen, die in der Kirche gesungen werden, in der Gegenwart Gottes und seiner Engel. (…)

Wie weit auch immer sich der Brauch des Singens ausbreitet, auch in den Häusern und auf dem Feld, so soll uns das ein Aufruf und wie ein Organ sein, um Gott zu loben und unsere Herzen zu ihm zu erheben, um uns zu trösten, indem wir sein Vermögen, seine Güte, Weisheit und Gerechtigkeit bedenken; und das ist viel notwendiger, als man sagen kann. (…)

Wenn ich hier nun von der Musik spreche, so meine ich ihre beiden Bestandteile, nämlich das Wort oder den Gegenstand und Inhalt und andererseits den Gesang oder die Melodie. Es stimmt, daß alle schlechte Rede, wie der heilige Paulus sagt (1 Kor 15,33), die guten Sitten verdirbt, aber wenn die Melodie dabei ist, trifft dies das Herz sehr viel stärker und dringt darin ein; wie wenn der Wein durch einen Trichter ins Faß gegossen wird, so wird das Gift und die Verderbnis durch die Melodie bis auf den Grund des Herzens gebracht.

Was ist nun da zu machen? Wir brauchen Lieder, die nicht nur anständig, sondern auch heilig sind, Lieder, die uns gleich Stacheln zum Bitten, zum Lob Gottes reizen, zum Nachdenken über seine Werke, damit wir ihn lieben, fürchten, ehren und preisen. Dabei trifft zu, was der heilige Augustinus sagt: daß niemand etwas singen kann, was Gottes würdig ist, wenn er es nicht von ihm empfangen hat. Darum, wir mögen suchen, wo wir wollen, wir werden keine besseren und dazu geeigneteren Lieder finden als die Psalmen Davids, die der Heilige Geist ihm eingegeben und gemacht hat. Und so sind wir, wenn wir sie singen, gewiß, daß Gott uns die Worte in den Mund legt, als ob er selbst in uns sänge, um seine Ehre zu erhöhen. Deshalb ermahnt Chrysostomus sowohl Männer wie Frauen und kleine

Kinder, sich anzugewöhnen sie zu singen, damit dies gleichsam eine
Versenkung sei, um sich der Gesellschaft der Engel beizugesellen.

Im übrigen haben wir uns zu erinnern an das, was der heilige Paulus sagt, daß die geistlichen Lieder richtig nur mit dem Herzen
gesungen werden können (Eph 5,19; Kol 3,16). Das Herz aber beansprucht den Verstand. Und darin (sagt der heilige Augustinus) liegt
der Unterschied zwischen dem Singen der Menschen und dem der
Vögel. Denn ein Sperling, eine Nachtigall, ein Papagei singen schön,
aber ohne Verstehen. Das besondere Geschenk an den Menschen ist
jedoch, daß er singen kann im Wissen, was er sagt. Herz und Gefühl
sollen dem Verstand nachfolgen, was aber nicht möglich ist, wenn
wir das Lied nicht in unser Gedächtnis eingeprägt haben, um niemals
mit dem Singen aufhören zu müssen.

PHILIPP NICOLAI

Aus: Ein Geistlich Braut-Lied

der gläubigen Seelen, von Jesu Christo,
ihrem himmlischen Bräutgam

Zwingt die Saiten in Cythara,
und laßt die süße Musica
ganz freudenreich erschallen.
Daß ich möge mit Jesulein,
dem wunderschönen Bräutgam mein,
in steter Liebe wallen.
Singet, springet,
jubilieret, triumphieret,
dankt dem HERREN:
groß ist der König der Ehren.

Wie bin ich doch so herzlich froh,
daß mein Schatz ist das A und O,
der Anfang und das Ende:
Er wird mich doch zu seinem Preis
aufnehmen in das Paradeis,
des klopf ich in die Hände.
Amen, Amen!
Komm, du schöne Freudenkrone,
bleib nicht lange:
deiner wart ich mit Verlangen.

JOHANNES LINDEMANN

Ein ander Lied

Wohlauf, ihr Musikanten, zu diesem Neuen Jahr;
all dieser Kunst Verwandten, singet mit der Engel Schar:
Heut Gott ist Mensch geboren nach seinem Wort fürwahr
wie er denn zuvor geschworen unseren Vätern hell und klar;
Solchs ist alles erfüllet an diesem Kindlein klein
denn in Windelein ist eingehüllet unser liebes Jesulein.

Darum vor allen Dingen in dieser Gnaden-Zeit
lasset euer Stimm erklingen, Gott zu dienen seid bereit.
Frohlockt und triumphieret von Herzen allzumal
musizieret und psallieret, daß es in der Luft erschall.
Sein große Wohltat rühmet und seine Freundlichkeit;
jubilieret und schön moduliert mit den Engeln in Ewigkeit.

BARTHOLOMÄUS CRASSELIUS

Dir, dir, Jehova, will ich singen

Dir, dir, Jehova, will ich singen,
denn wo ist so ein solcher Gott wie du?
Dir will ich meine Lieder bringen,
ach, gib mir deines Geistes Kraft dazu,
daß ich es tu im Namen Jesu Christ,
so wie es dir durch ihn gefällig ist.

Verleih mir, Höchster, solche Güte,
so wird gewiß mein Singen recht getan:
so klingt es schön in meinem Liede,
und ich bet dich im Geist und Wahrheit an:
so hebt dein Geist mein Herz zu dir empor,
daß ich dir Psalmen sing im höhern Chor.

ANDREAS TSCHERNING

Auf die Musik

Wer ungereget
Die Sinnen träget,
Wann Künstler singen
Und Saiten klingen,
Ist taub an Ohren
Und krank geboren,
Weil sonst sich reget,
Was Sinnen träget.

Gott will durch Singen
Und Saitenklingen
Nicht nur auf Erden
Gerühmet werden.
Man soll ihn oben
Auch also loben,
Da wird das Singen
Viel schöner klingen.

Mehr Lust für Ohren
Ist nicht geboren.
Sie treibt vom Herzen
Verdruß und Schmerzen,
Kann Eifer dämpfen,
Gibt Mut zu kämpfen,
Macht durch die Ohren
Uns neu geboren.

Was hier sich reget
Und Atem träget,
Heißt David singen;
Er heißet klingen
Vor Gottes Ohren,
Was je geboren,
Weil er gereget
Dran Liebe träget.

ANGELUS SILESIUS

Aus: Heilige Seelenlust – oder: Geistliche Hirtenlieder
der in ihren Jesum verliebten Psyche

Die Seele muntert sich
aus dem Getöne der Kreaturen
zu seinem Lobe auf

Auf, meine Stimm und Saitenspiel,
Laß Jesu zu Ehren
Dich hurtiglich hören
Und mache seines Lobes viel.
Musiziere,
Figuriere,
Laß es schallen,
Daß die Wälder widerhallen.

Ihm singt und klingt die ganze Welt,
Ihn loben gar schöne
Mit süßem Getöne
Die Vöglein auf dem grünen Feld.
Alle schwirren,
Schrein und girren,
Alle preisen
Gott, das Wort, mit ihren Weisen.

Ihm saust und summt es überall,
Ihm wehen die Winde
Bald heftig, bald linde,
Ihm redet manches Berg und Tal.
Alle Lüfte,
Alle Grüfte,
Die erschallen
Ihrem Schöpfer zu gefallen.

Ihm hört man ofte früh und spat
Die Lämmelein bläckern,
Die Zickelein meckern
Und tönen all's, was Atem hat.
Alle Felder,
Alle Wälder
Sind voll Stimmen,
Die ihn stets zu loben glimmen.

Die Schäfer gleichfalls, jung und alt,
Erfüllen die Weiden
Mit merklichen Freuden
Und loben ihn gar mannigfalt.
Hin und wieder
Hört man Lieder
Von ihm singen,
Pfeifen, Hörner, Geigen klingen.

Drum schweig auch du nicht, meine Seel,
Sei hurtig zu singen,
Die Saiten zu schwingen,
Solang du lebst in deiner Höhl.
Laß dich hören
Ihm zu Ehren,
Tön und schalle,
Daß Wald, Feld und Berg erhalle.

MATTHIAS JORISSEN

Singt, singt dem Herren neue Lieder

Singt, singt dem Herren neue Lieder,
Er ists allein, der Wunder tut.
Seht, seine Rechte sieget wieder,
Sein heilger Arm gibt Kraft und Mut.
Wo sind nun alle unsre Leiden?
Der Herr schafft Ruh und Sicherheit;
Er selber offenbart den Heiden
sein Recht und seine Herrlichkeit.

Der Herr gedenkt an sein Erbarmen,
Und seine Wahrheit stehet fest.
Er trägt sein Volk auf seinen Armen
Und hilft, wenn alles uns verläßt.
Bald schaut der ganze Kreis der Erde,
Wie unsers Gottes Huld erfreut.
Gott will, daß sie ein Eden werde;
Rühm, Erde, Gottes Herrlichkeit!

Frohlocket, jauchzet, rühmet alle,
Erhebet ihn mit Lobgesang!
Sein Lob tön im Posaunenschalle,
In Psalter- und in Harfenklang!
Auf, alle Völker, jauchzt zusammen,
Gott macht, daß jeder jauchzen kann;
Sein Ruhm, sein Lob muß euch entflammen,
Kommt, betet euren König an!

Das Weltmeer brause aller Enden,
Jauchzt, Erde, Menschen, jauchzt vereint!
Die Ströme klatschen wie mit Händen;
Ihr Berge, hüpft, der Herr erscheint!

Er kommt, er naht sich, daß er richte
Den Erdkreis in Gerechtigkeit
Und zwischen Recht und Unrecht schlichte;
Des sich die Unschuld ewig freut.

HERMANN CLAUDIUS

Lied auf der kleinen Orgel
(Für Armin Knab)

Wir werden im Himmel
ohne Schwere sein,
wie schwingende Flöten,
singende Schalmei'n.

Wie Blumen, die frühmorgendlich
Gott erschauen
und sich dann schließen
demütiglich.

Wie weiße Wolken,
die leuchtend erstehn
und zu Gottes Füßen
wie Nachttau niedergehn.

Wir werden Hand in Hand
gehn, zu Ihm zu beten,
hinter Gott zu treten,
zu rühren heimlich Sein Gewand.

DIETRICH BONHOEFFER

Aus einer Predigt zu Psalm 98,1

Singet dem Herrn ein neues Lied. Auf diesem Wort «neu» liegt der Ton. Was ist dies neue Lied anders als das Lied, das den Menschen neu macht, das Lied, das aus dem Menschen nach Dunkelheit und Sorge und Angst hervorbricht zu neuer Hoffnung, neuem Glauben, neuem Vertrauen? Das neue Lied ist das Lied, das Gott selbst neu in uns erweckt – und ob es ein uraltes Lied wäre – der Gott, der – wie es bei Hiob heißt – «sich Lobgesänge schafft mitten in der Nacht». Der Lobgesang in der Nacht unseres Lebens, unseres Leidens und unserer Furcht, in der Nacht unseres Todes – das ist das neue Lied. Das Lied, das den Leichtsinnigen zur Einkehr ruft, den Sünder zur Umkehr, den Heimatlosen zur Heimkehr, den Verstockten zum Weinen und den Weinenden zur Freude, das Lied, das den Säugling in der Taufe zu Gott ruft, das den Jungen und das Mädchen in der Konfirmation zum Bekenntnis ruft, das Eheleute zum Gehorsam und zur Treue aufruft, das über dem Totenbett und dem offenen Grab die Hoffnung der Auferstehung verkündigt – das ist das neue Lied von Christus, dem Herrn und Erlöser.

Singet dem Herrn ein neues Lied – und doch sind all unsere Lieder nur ein Abglanz von dem Lied der Lieder, das die Ewigkeit singt, vor dem Thron Jesu Christi, oder wie die Bilder der Bibel reden von dem Heilig und dem Halleluja, das die Engel im Himmel und die Heiligen alle Gott, dem Vater, dem Sohn und Heiligen Geist zujauchzen. Die christliche Hoffnung aller Zeiten hat diese Ewigkeit Gottes nicht andes vorstellen können als erfüllt von dem Meer der Töne, der Harfen und Gesänge. Bilder sind Bilder – und haben doch ihr Recht. Warum sollten wir uns nicht schon hier freuen auf das neue Lied, das uns umfangen wird, wenn wir die Augen zutun, das reinste, das süßeste, das härteste und das gewaltigste aller Lieder. Singet dem Herrn ein neues Lied – ja, Herr, wir kommen mit Liedern auf den Lippen, laß dein Lied stark werden, wenn unsere Lieder verstummen, laß die Engel spielen, wenn unsere Hände niedersinken, laß über unserem

Totenbett dein Lied, das kein Sterblicher hören kann, laut erklingen.
Herr, wir eilen zu deinem neuen Lied.
Jesu juva – Jesus hilf. Amen.

DIETER SCHNEBEL

Das Neue der messianischen Musik als «musica crucis»

Geistliche Musik als solche, die sich gewissermaßen zum Medium
des Geistes macht, wäre erst eine, in der sich gewissermaßen der Messias ereignete. Das dürfte sich freilich sowenig feststellen lassen wie
der Glaube, die geistliche Existenz des Menschen. Nichtsdestoweniger stünde von geistlicher Musik zu erwarten, daß in ihr Momente
des Messianischen sich fänden – in einer spezifisch neutestamentlichen solche der Geschichte des Christus Jesus. (...)
Gegen Ende des zweiten Satzes von Mahlers *Lied von der Erde*
leuchtet die sonst matte und abgetönte Musik für einen Augenblick
unbeschreiblich auf: zu den Worten «Sonne der Liebe»; fällt dann
aber sogleich in den früheren Ton zurück. Also wird an Liebe, die im
Text durchaus profan gemeint ist, ein utopischer Glanz entdeckt. Die
Stelle, kaum als geistliche Musik gedacht, weist darauf hin, was solche vermag: Messianisches aufzustöbern; und jede Musik, die das
vollbringt, sollte geistlich genannt werden, gleich, wie sie sich sonst
gibt; Freiheit als Signum des Geistes gebietet ohnehin, sich vor vor-
schnellen Einschränkungen zu hüten. Von christlicher geistlicher
Musik, die das Wesen des Messias Jesus anzunehmen trachtet, aber
wäre zu erwarten, daß sie insgesamt sozusagen Passionsmusik sei.
Was Adorno einmal von aller Kunst heute verlangte: sie solle durch
die Erfahrungen von Auschwitz und Maidanek hindurchgegangen
sein, ist für geistliche Musik erstes Kriterium. Das Diktum Bonhoef-
fers, die Kirche dürfe nur dann gregorianisch singen, wenn sie zu-

gleich für die Juden und die Kommunisten schriee, formuliert ein ästhetisches Gesetz der *musica sacra*. Sie geriete dann erst zu solcher, wo sie sich auf die Seite der Opfer schlüge. Also wäre hier die Konfiguration des Kreuzes eingeschrieben und sie würde zur *musica crucis*.

GERTRUD VON LE FORT

Te Deum

Deine Stimme spricht:

Großer Gott meines Lebens, ich will dir lobsingen an allen drei
    Ufern deines einigen Lichts!
Ich will mit meinem Lied ins Meer deiner Herrlichkeit springen:
    unterjauchzen will ich in den Wogen deiner Kraft!
Du goldener Gott deiner Sterne, du rauschender Gott deiner Stürme,
    du flammender Gott deiner feuerspeienden Berge,
Du Gott deiner Ströme und deiner Meere, du Gott aller deiner Tiere,
    du Gott deiner Ähren und deiner wilden Rosen;
Ich danke dir, daß du uns erweckt hast, Herr, ich danke dir bis an
    die Chöre deiner Engel,
Sei gelobt für alles, was da lebt!
Du Gott deines Sohnes, großer Gott deines ewigen Erbarmens,
    großer Gott deiner verirrten Menschen,
Du Gott aller, die da leiden, du Gott aller, die da sterben, brüderlicher
    Gott auf unsrer dunklen Spur:
Ich danke dir, daß du uns erlöst hast, Herr, ich danke dir bis an die
    Chöre deiner Engel,
Sei gelobt für unsre Seligkeit!
Du Gott deines Geistes, flutender Gott in deinen Tiefen von Liebe zu
    Liebe,

Brausender bis hinab in meine Seele,
Wehender durch alle meine Räume, Zündender durch alle meine
 Herzen,
 Heil'ger Schöpfer deiner neuen Erde:
Ich danke dir, daß ich dir danke, Herr, ich danke dir bis an die Chöre
 deiner Engel:
Gott meiner Psalmen, Gott meiner Harfen, großer Gott meiner
 Orgeln und Posaunen,
Ich will dir lobsingen an allen drei Ufern deines einigen Lichts!
Ich will mit meinem Lied ins Meer deiner Herrlichkeit springen:
 unterjauchzen will ich in den Wogen deiner Kraft!

OLIVIER MESSIAEN

Farbenmusik als Neue Musik

Die Musik kann sich auf verschiedene Weise dem Heiligen nähern.
Da ist zunächst die liturgische Musik, die dem Aufbau des Offiziums
folgt und nur während des Gottesdienstes ihren Sinn erfüllt.
Da ist, zweitens, die Geistliche Musik – und dieser Begriff umfaßt ein
weites Feld von Epochen und Ländern, von verschiedenartigsten
ästhetischen Maßstäben.
Schließlich gibt es den Durchbruch zum Jenseitigen, zum Unsichtbaren und Unsagbaren, der mit Hilfe der Ton-Farbe gelingen kann
und der in der Erfahrung des Geblendetseins gipfelt. (…)
Meiner Ansicht nach kann man die Musik nicht vollends verstehen,
wenn man nicht oft die beiden Phänomene der Komplementärfarben
und der natürlichen Resonanz der Klangkörper erfahren hat. Und
diese beiden Phänomene haben mit dem Gefühl des Heiligen zu tun,
dem staunenden Geblendetsein, aus dem Verehrung, Anbetung und
Lobpreis entspringen.

Und nun einige sehr knappe Worte über die Theorie der Ton-Farbe, wie ich sie verstehe.

Es wäre kindisch, jeder Note eine Farbe zuordnen zu wollen. Nicht isolierte Töne erzeugen Farben, sondern Akkorde oder besser Tonkomplexe. Jeder Tonkomplex hat eine klar bestimmbare Farbe. Diese Farbe wird sich auf allen Tonebenen einstellen, aber sie wird im Mittelbereich normal sein, in höherer Lage mehr ins Weiße gehen (heller werden) und bei tieferer Lage mehr aufs Schwarze zugehen (dunkler werden). Auf der anderen Seite wird – wenn wir unseren Akkord von Halbton zu Halbton transponieren – er bei jedem Halbtonschritt seine Farbe verändern. (...)

Die liturgische Musik feiert Gott «bei Ihm zu Hause», in Seiner Kirche, in Seinem eigenen Opfer. Die geistliche Musik entdeckt ihn jederzeit und überall, auf unserem Planeten Erde, unseren Bergen, Ozeanen, mitten unter den Vögeln, Blumen, Bäumen und auch in dem sichtbaren Universum von Sternen, die uns umgeben. Aber die Farbenmusik wiederholt das Werk der Scheiben und Rosetten des Mittelalters. Sie bringt uns in den Zustand geblendeten Staunens. Indem sie gleichzeitig unsere vornehmsten Sinne, das Gehör und das Auge, berührt, erschüttert sie unser Sinnesvermögen, reizt sie unsere Vorstellungskraft, erweitert sie unser Erkennen, drängt sie uns, die Begriffe zu überschreiten, hin zu dem, was hörer ist als Urteil und Intuition: der Glaube.

Der Glaube jetzt – und seine logische Fortführung, die wirkliche Kontemplation, die «visio beatifica» nach dem Tode. Unser auferstandener Leib wird trotz seiner Verklärung, seiner Kraft, seiner Geistigkeit, dasselbe Fleisch bewahren, das uns bekleidet und begleitet hat. Damit bleiben auch dasselbe Sehvermögen und Gehör erhalten. Man sollte also gut schauen und horchen, um die Fülle der Musik und der Farben wahrzunehmen, von der die Apokalypse spricht ...

PAUL CELAN

Fadensonnen
über der grauschwarzen Ödnis.
Ein baum-
hoher Gedanke
greift sich den Lichtton: es sind
noch Lieder zu singen jenseits
der Menschen.

Quellen

I. Lob der Musik

17 Anonymus (Augustinus zugeschrieben). Zit. nach: Jörg Zink: Dornen können Rosen tragen. Mystik – die Zukunft des Christentums, Stuttgart: Kreuz, 1997, 307.

18 Thomas von Aquin (1224/25–1274): De arte musica. Zit. nach: Hermann Pfrogner: Musik. Geschichte ihrer Deutung. Freiburg; München: Alber, 1954, 132 f.

19 Martin Luther (1483–1546): WA 35, 483 f.

20 Anonymus (Luther zugeschrieben). Zit. nach: Christian Friedrich Hunold (gen. Menantes; 1681–1721): Die allerneueste Art, zur reinen und galanten Poesie zu gelangen, 1706, 332.

21 Johann Walter (1496–1570): Lob und Preis der löblichen Kunst Musica. Wittenberg 1538. Faksimile, hrsg. von Wilibald Gurlitt. Freiburg i. Br. 1938, o. S.

25 John Dryden (1631–1700). Zit. nach: Georg Friedrich Händel: Werke, Ausgabe der Deutschen Händelgesellschaft, Bd. 23. Leipzig 1866.

26 Johann Christoph Lorber (1645–1722). Zit. nach: Wilibald Gurlitt: Johann Sebastian Bach. Der Meister und sein Werk. Kassel: Bärenreiter, 1947, 40 f.

27 Ohrenvergnügendes und Gemüthergötzendes Tafelkonfect. Augsburg 1733/37/46, hrsg. von Hans Joachim Moser. Mainz: Schott, 1942, 92 f.

29 Franz von Schober (1796–1882). Zit. nach: Franz Schubert: Neue Ausgabe sämtlicher Werke, hrsg. von der Internationalen Schubert-Gesellschaft. Serie IV: Lieder. Band 4. Kassel u. a.: Bärenreiter, 1979, 108 f.

29 Ludwig Tieck (1773–1853): Gedichte. Zweiter Teil. Dresden 1821, 3 ff.

31 E. T. A. Hoffmann (1776–1822): Alte und neue Kirchenmusik. In: Musikalische Novellen und Aufsätze, Bd. II. Regensburg: Bosse, o. J., 110 f.

32 Anonymus (mit dem Kürzel «J. N. St.» unterschrieben). Abgedruckt in: Caecilia 14 (1875) 3. Heft. Zit. nach: Hans Heinrich Eggebrecht (Hrsg.): Orgel und Ideologie. Murrhardt: Musikwissenschaftliche Verlags-Gesellschaft, 1984, 104.

33 Nikolaus Harnoncourt (geb. 1929): Die Macht der Musik. Zwei Reden. Salzburg; Wien: Residenz, 1993, 7–10, 23–25.

2. Vom Ursprung der Musik

39　Hesiod (um 700 v. Chr.): Werke in einem Band. Aus dem Griechischen von Luise und Klaus Hallof. Berlin; Weimar: Aufbau, 1994, V. 36–80.

40　Franciscus Venetus = Francesco Giorgio Zorzi (1460–1540): Francisci Georgii Veneti minoritanae familiae de harmonia mundi totius cantica tria (1546). Zit. nach: Pfrogner, a. a. O., 152.

41　Johann Walter (1496–1570): Lob und Preis der löblichen Kunst Musica. Wittenberg 1538. Faksimile, hrsg. von Wilibald Gurlitt. Freiburg i. Br. 1938, o. S.

43　Johann Mattheson (1681–1764): Das Neu-Eröffnete Orchestre (1713). Faksimile Hildesheim; Zürich; New York: Olms, 1993, 302–304.

44　Johann Adolph Scheibe (1708–1776): Critischer Musikus. Faksimile der neuen, vermehrten und verbesserten Auflage Leipzig 1745. Hildesheim; New York: Olms, 1970, 48 und 54 f.

45　Johann Gottfried Herder (1744–1803): Cäcilia. In: Sämtliche Werke, Bd. XVI, hrsg. von Bernhard Suphan. Hildesheim; New York: Olms, o. J., 256 ff.

47　Bruno Walter (1876–1962): Von der Musik und vom Musizieren. Zürich: Buchclub Ex Libris, 1957, 17–19.

51　Nikolaus Harnoncourt (geb. 1929): Die Macht der Musik. Zwei Reden. Salzburg; Wien: Residenz, 1993, 27–31.

3. Wirkmächtige Musik

55　Johannes Chrysostomus (um 350–407): Expositio in psalmum XLI, col. 156. Zit. nach: Pfrogner, a. a. O., 92 f.

56　Augustinus (354–430): Bekenntnisse (lat.-dt.). Eingeleitet, übersetzt und erläutert von Joseph Bernhart. München: Kösel, 1955, 563 ff.

58　Franciscus Venetus = Francesco Giorgio Zorzi (1460–1540): Francisci Georgii Veneti minoritanae familiae de harmonia mundi totius cantica tria (1546). Zit. nach: Pfrogner, a. a. O., 152 f.

59　Marsilio Ficino (1433–1499): Medicina corpus, musica spiritum, theologia animum curat. Zit. nach: Pfrogner, a. a. O., 148.

60　Johannes Tinctoris (um 1435–1511). Zit. nach: Reinhold Hammerstein: Die Musik der Engel. Untersuchungen zur Musikanschauung des Mittelalters. 2. durchgesehene Aufl. Bern: Francke, 1990, 139–142.

60　Martin Luther (1483–1546): WA 30 II, 696.

61　Martin Luther (1483–1546): Praefatio zu den Symphoniae iucundae (1538). WA 35, 368 ff.

62　Martin Luther (1483–1546): Brief an Matthias Wellner (1534). WA Briefwechsel, Bd. 7, 105.

63　Johann Sebastian Bach (1685–1750): Titelseite des *Orgelbüchleins*

(Dok. I, Nr. 148) und eigenhändige Randnotiz in seiner Bibel, zur Stelle 2 Chr 5,13 (Dok. III, Nr. 183a).

64 Philipp Christoph Hartung = P. C. Humano (18. Jh.): Musicus Theoretico Practicus. Faksimile der Originalausgabe Nürnberg 1749. Leipzig: Peters, 1977, 74–77.

67 Johann Mattheson (1681–1764): Der vollkommene Capellmeister (1739). Faksimile Kassel u. a.: Bärenreiter, 4. Aufl. 1987. Definition der Musik: I. Teil, 2. Kap., § 15; Wirkung der Musik: II. Teil, 13. Kap., § 64 (Mattheson zitiert aus dem «Discours sur l'Harmonie»).

68 Ohrenvergnügendes und Gemüthergötzendes Tafelkonfect. Augsburg 1733/37/46, hrsg. von Hans Joachim Moser. Mainz: Schott, 1942, 134.

71 Johann Gottfried Herder (1744–1803): Volkslieder. ND der Erstausgabe Leipzig (1778/79). Hildesheim; New York: Olms, 1981, 64 f.

72 Johann Friedrich Hugo Dalberg (1760–1812): Blicke eines Tonkünstlers in die Musik der Geister (1787). Zit. nach: Pfrogner, a. a. O., 253 f.

73 Johann Friedrich Rochlitz (1769–1842): Anekdoten aus Mozarts Leben. In: Allgemeine Musikalische Zeitung 3 (1800/1801). Leipzig: Breitkopf und Härtel, 494 f.

74 Johann Wolfgang von Goethe (1749–1832): Aus: Novelle. Zit. nach: Werke I/2 (Bibliothek deutscher Klassiker), Gedichte 1800–1832, 1355 f.

76 Deutsches Volkslied. Zit. nach: Wolfgang Laade: Musik und Musiker in Märchen, Sagen und Anekdoten der Völker Europas, Bd. I. Baden-Baden: Valentin Koerner, 1988, 69.

76 Wilhelm Heinrich Wackenroder (1773–1798): Herzensergießungen eines kunstliebenden Klosterbruders (1797). In: Sämtliche Werke und Briefe. Heidelberg: Carl Winter Universitätsverlag, 1991, 132 f.

80 Richard Wagner (1813–1883): Über Franz Liszts symphonische Dichtungen. In: Sämtliche Schriften und Dichtungen, Bd. 5. Leipzig: Breitkopf et Härtel, o. J., 191.

80 Richard Wagner (1813–1883): Religion und Kunst. In: Sämtliche Schriften und Dichtungen, Bd. 10. Leipzig: Breitkopf et Härtel, o. J., 249–251.

82 Hermann Hesse (1877–1962): Demian. Die Geschichte von Emil Sinclairs Jugend. Frankfurt a. M.: Suhrkamp, 1990, 97 f.

83 Arnold Ludwig Mendelssohn (1855–1933): Gott, Welt und Kunst. Aufzeichnungen. Frankfurt a. M.: Insel, 1949, 300.

84 Reiner Kunze (geb. 1933): Die wunderbaren Jahre, Frankfurt a. M.: S. Fischer, 1977, 262 ff.

90 Leonard Bernstein (1918–1990): Erkenntnisse. Beobachtungen aus fünfzig Jahren. München: Knaus 1983, 237.

91 Rose Ausländer (1907–1988): Im Aschenregen die Spur deines Namens. Gedichte und Prosa. Frankfurt a. M.: S. Fischer, 1984, 45.

4. Zerbrochene Musik

95 Philodemus von Gadara (um 110–40 v. Chr): Über die Musik. IV. Buch (Fragment) Text, Übersetzung und Kommentar von Annemarie J. Neubecker. Napoli: Bibliopolis, 1986, 95 ff.

95 Erasmus von Rotterdam (1466/69–1536): Zit. nach: Gerhard Nestler: Geschichte der Musik. Mainz: Schott; München: Piper, 1988, 195.

96 Huldrych Zwingli (1484–1531): Auslegung und Begründung der Thesen oder Artikel (1523). In: Schriften II, hrsg. von Thomas Brunnschweiler. Zürich: Theologischer Verlag, 1995, 396–402.

99 Friedrich Erhard Niedt (1674–1708): Musikalische Handleitung. Erster Teil. Handelt vom General-Baß, denselben schlechtweg zu spielen (1710). Faksimile Buren (Netherlands): Knuf, 1976, o. S.

99 Johann Sebastian Bach (1685–1750): Gründlicher Unterricht des General-Basses. Cap. 2: Von der Definition (1738). Zit. nach: Philipp Spitta: J. S. Bach, Bd. 2. Wiesbaden: Breitkopf & Härtel, 1962, 915 f.

100 Philipp Christoph Hartung = P. C. Humano (18. Jh.): Musicus Theoretico Practicus. Faksimile der Originalausgabe Nürnberg 1749. Leipzig: Peters, 1977, 86–88.

101 Angelus Silesius (1624–1677): Zit. nach: Der Himmel ist in dir. Von der Seelenlust mystischer Frömmigkeit. Hrsg. von Manfred Baumotte. Zürich; Düsseldorf: Benziger, 1997.

103 Johann Peter Titz (1619–1689): Deutsche Gedichte, ges. und hrsg. von L. H. Fischer, Halle 1888.

104 Christian Friedrich Daniel Schubart (1739–1791): Ideen zu einer Ästhetik der Tonkunst (1806). Faksimile Hildesheim; Zürich; New York: Olms, 1990, 43 f.

104 Friedrich Nietzsche (1844–1900): Gesammelte Werke (Colli/Montinari) VI/3. Berlin: De Gruyter, 1969, 427.

105 Dietrich Bonhoeffer (1906–1945): Predigt zu Psalm 98,1 (1934). In: London 1933–35. München: Kaiser, 1994, 351–354.

107 Hans Zender (geb. 1936): Happy New Ears. Freiburg; Basel; Wien: Herder, 1991, 98 f.

108 Arvo Pärt (geb. 1935). Zit. nach: Peter Hamm: Abglanz der Ewigkeit. Notizen zu Kompositionen von Arvo Pärt (Booklet zur CD «Arbos»).

109 Joachim Ernst Berendt (geb. 1922): Das Dritte Ohr. Vom Hören der Welt. Reinbek: Rowohlt, 1985, 144 f.

109 Rose Ausländer (1907–1988): Die Sichel mäht die Zeit zu Heu. Gedichte 1957–1965. Frankfurt a. M.: S. Fischer, 1985, 29.

110 Hans Küng (geb. 1928): Mozart. Spuren der Transzendenz. München: Piper, 1991, 67.

110 Martin Mumelter (geb. 1948): Ums Leben spielen. Vom Umgang mit Musik. Anif/Salzburg: Ursula Müller-Speiser, o. J., 43 ff.

112 Tilman Moser (geb. 1938): Gottesvergiftung. Frankfurt: Suhrkamp, 1980, 53 ff.

115 Else Lasker-Schüler (1869–1945): Werke und Briefe. Kritische Ausgabe. Gedichte. Frankfurt a. M.: Jüdischer Verlag (Suhrkamp), 1996, 284f.

116 Rose Ausländer (1907–1988): Die Sichel mäht die Zeit zu Heu. Gedichte 1957–1965. Frankfurt a. M.: S. Fischer, 1985, 28.

5. *Bild und Gleichnis*

119 Othlo von St. Emmeram (um 1010–1070): Dialogus de tribus quaestionibus, cap. 45. Zit. nach: Pfrogner, a. a. O., 123 f.

120 Rupert von Deutz (um 1070–1129): De trinitate et operibus eius libri XLII. De spiritu. Lib. VII. Zit. nach: Pfrogner, a. a. O., 116 f.

121 Heinrich Seuse (um 1295–1366): Deutsche mystische Schriften. Aus dem Mittelhochdeutschen übertragen und hrsg. von Georg Hofmann. Düsseldorf: Patmos, 1986 (Nachdruck der 1. Aufl. 1966), 30 f.

123 Des Heinrich Wölflins von Bern (um 1500) Geschichtliche Erzählung vom Wunderbaren Leben Bruder Klausens, des Einsiedlers von Unterwalden im Schweizerland (1501). Zit. nach: Werner Durrer: Dokumente über Bruder Klaus. Luzern: Rex, 1947, 39.

123 Marsilio Ficino (1433–1499): Opera. Tom. I. Epistolarum lib. I. Zit. nach: Pfrogner, a. a. O., 142–146.

125 Lukas Osiander (1571–1638): Vorrede zum Gesangbuch 1586. Zit. nach: Friedrich Zelle: Das erste evangelische Choralbuch. Berlin: Weidmannsche Buchhandlung, 1903, IX–X.

126 Andreas Werckmeister (1645–1706): Musikalische Paradoxal-Discourse (1707). In: Hypomnemata Musica und andere Schriften. Faksimile der Ausgaben Quedlinburg, Frankfurt und Leipzig 1697–1707. Hildesheim; New York: Olms, 1970, 27–32.

127 Wilhelm Heinrich Wackenroder (1773–1798): Phantasien über die Kunst, für Freunde der Kunst (1799). In: Sämtliche Werke und Briefe. Heidelberg: Carl Winter Universitätsverlag, 1991, 205 ff.

129 Ludwig Tieck (1773–1853): Gedichte. Zweiter Teil, Dresden 1821, 29.

130 Hermann Hesse (1877–1962): Musik. Betrachtungen, Gedichte, Rezensionen und Briefe, hrsg. von Volker Michels. Erweiterte Aufl. Frankfurt a. M.: Suhrkamp, 1984, 27 ff.

132 Karl Barth, (1886–1968): Die kirchliche Dogmatik. III. Teil, 3. Bd.: Die Lehre von der Schöpfung. Zürich: Enz, 1961, 337–339.

135 Manfred Hausmann (1898–1986): Nachtwache. Alte Musik. Füreinander. Gedichte aus den Jahren 1922–1946, Frankfurt a. M.: S. Fischer, 1983, 70.

136 Bruno Walter (1876–1962): Von der Musik und vom Musizieren. Zürich: Buchclub Ex Libris, 1957, 17–19.

138 Emile Michel Cioran (1911–1995): Von Tränen und von Heiligen. Frankfurt a. M.: Suhrkamp, 1988, 37, 41 f., 54.

139　Hans Küng (geb. 1928): Mozart. Spuren der Transzendenz. München: Piper, 1991, 39 ff.
141　David Colombara (geb. 1922): Im trigonalen Ton. Der neuen Gedichte zweiter Teil. Göttingen: Graphikum, 1987, 41.
142　Klaus Hemmerle (1929–1994): Musik als Liturgie – Liturgie als Musik. In: Musica sacra. Zeitschrift des Allgemeinen Cäcilienverbandes, 101. Jg., Regensburg 1981, 15–17.

6. *Tönender Kosmos*

145　Ambrosius von Mailand (um 340–397): Enarrationes in XII psalmos. In psalmum primum enarratio; praefatio. Zit. nach: Pfrogner, a. a. O., 95–97.
147　Dionysios Areopagita (um 500): Die Hierarchien der Engel und der Kirche. München-Planegg: Otto Wilhelm Barth, 1955, 126 f.
149　Bruder Philipp der Kartäuser (gest. vor 1346): Marienleben, hrsg. von Heinrich Rückert. Nachdruck Amsterdam: Editions Rodopi, 1966, V. 964–989.
150　Friedrich Gottlieb Klopstock (1724–1803). Ausgewählte Werke, Darmstadt 1962, 156 f.
150　Ferruccio Busoni (1866–1924). Zit. nach: Musik und Erleuchtung. Der Weg der großen Meister, hrsg. von Klaus Derick Muthmann. München: Max Hieber, 1984, 160 f.
152　Josef Weinheber (1892–1945): Sämtliche Werke II: Gedichte. Zweiter Teil. Salzburg: Otto Müller, 2. Aufl. 1954, 473 f.
153　Hermann Hesse (1877–1962): Musik. Betrachtungen, Gedichte, Rezensionen und Briefe, hrsg. von Volker Michels. Erweiterte Aufl. Frankfurt a. M.: Suhrkamp, 1984, 80.
153　Ebd. 101 f.
155　Marius Schneider (1903–1982): Singende Steine. München: Heimeran, 1978, 16–18.
157　Joachim Ernst Berendt (geb. 1922): Das Dritte Ohr. Vom Hören der Welt. Reinbek: Rowohlt, 1985, 440 f.
158　Sri Aurobindo (1872–1954): Zit. nach: Musik und Erleuchtung. Der Weg der großen Meister, hrsg. von Klaus Derick Muthmann. München: Max Hieber, 1984, 283 f.
159　Georg Britting (1891–1964): Sämtliche Werke, Bd. 4. Gedichte 1940–1964, hrsg. von I. Schuldt-Britting. München: List, 1996, 60.
160　David Colombara (geb. 1922). Zit. nach: Friedrich Zipp: Vom Urklang zur Weltharmonie. Werden und Wirken der Idee der Sphärenmusik. Berlin; Kassel: Merseburger, 1985, 147.
160　David Colombara (geb. 1922). Im trigonalen Ton. Der neuen Gedichte zweiter Teil. Göttingen: Graphikum, 1987, 48.

7. *Alles, was atmet*

163 Biblia Hebraica Stuttgartensia. Stuttgart: Deutsche Bibelstiftung, 1977.

163 Septuaginta. Id est vetus testamentum graece iuxta LXX interpretes. Edidit Alfred Rahlfs. Vol. II: Libri poetici et prophetici. Editio tertia. Stuttgart: Privilegierte Württembergische Bibelanstalt, 1949.

164 Biblia Sacra, iuxta vulgatam versionem, hrsg. von Robertus Weber OSB. Tomus 1: Genesis–Psalmi. Stuttgart: Württembergische Bibelanstalt, 1949.

164 Martin Luther: Biblia. Das ist: Die ganze Heilige Schrift deutsch. Faksimile der Ausgabe letzter Hand 1545. Stuttgart: Deutsche Bibelgesellschaft, 1983.

165 Caspar Ulenberg (1549–1617). Zit. nach: Denkmäler Rheinischer Musik. Bd. 3: Conradus Magius Rinteleus: Die Psalmen Davids nach Caspar Ulenberg (Köln 1582). Düsseldorf: Schwann, 1955, 217.

166 Michael Altenburg (1584–1640). Zit. nach: Christlich-neuvermehrt- und gebessertes Gesangbuch. Darinnen D. Martin Luthers und viel anderer Gottselig-gelehrten Leute Geistliche Lieder und Psalmen. Erfurt: Johannes Brand, 1663, 446f.

167 Ignaz Weitenauer (1709–1783): Die Psalme Davids, verdeutscht und mit Anmerkungen versehen. Augsburg: Joseph Wolff, 1781, 311f.

167 Romano Guardini (1885–1968): Deutscher Psalter. München: Kösel, 1950, 241f.

168 Jörg Zink (geb. 1922): Das Alte Testament. Ausgewählt, übertragen und in geschichtlicher Folge angeordnet von Jörg Zink. 12. Aufl. Stuttgart; Berlin: Kreuz, 1992, 224f.

168 Martin Buber (1878–1965): Das Buch der Preisungen. Köln und Olten: Jakob Hegner, 1966, 209.

169 Ernesto Cardenal (geb. 1925): In der Nacht leuchten die Wörter. Frühe Gedichte, Epigramme, Psalmen. Wuppertal: Peter Hammer, 1985, 164.

170 Pierre Stutz (geb. 1953): Du hast mir Raum gegeben. Psalmengebete. München: Claudius, 2. Aufl. 1997, 162.

170 Augustinus (354–430): Die Auslegungen der Psalmen. Christus und sein mystischer Leib. Ausgewählt und übertragen von Hugo Weber. Paderborn: Schöningh, 1955, 272–275.

174 Hildegard von Bingen (1098–1179): Wisse die Wege. Scivias. Salzburg: 5. Aufl. 1963, 366–369.

176 Honorius Augustodunensis (vor 1080–1150/60): Selectorum psalmorum expositio. Ps. 150. Zit. nach: Pfrogner, a. a. O., 117f.

8. *Das neue Lied*

181 Oden Salomos (2. Jh.). Übers. und eingeleitet von Michael Lattke. Freiburg; Basel; Wien: Herder, 1995 (Fontes Christiani 19), 206f.

181   Isaak von Antiochien (gest. 460/61). Zit. nach: Ausgewählte Schriften
der syrischen Dichter Cyrillonas, Baläus, Isaak von Antiochien und
Jakob von Sarug. Kempten; München: Kösel, 1913 (Bibliothek der
Kirchenväter), 110–116.

184   Martinus Agricola (1486–1556): Musica Figuralis Deutsch (1532).
Faksimile Hildesheim; New York: Olms, 1969, o. S.

185   Johannes Calvin (1509–1564): Die Gesangbuchvorrede von 1542/43.
Zit. nach: Markus Jenny: Luther, Zwingli, Calvin in ihren Liedern.
Zürich: Theologischer Verlag, 1983, 274–281.

187   Philipp Nicolai (1556–1608): Wie schön leuchtet der Morgenstern. Zit.
nach: Wackernagel, Philipp: Das deutsche Kirchenlied von der ältesten
Zeit bis zu Anfang des XVII. Jahrhunderts. Bd. 5. Hildesheim: Olms,
1964, 258.

188   Johannes Lindemann (um 1550 – nach 1634). Zit. nach: Christlich-
neuvermehrt-und gebessertes Gesangbuch. Darinnen D. Martin Luthers und viel anderer Gottselig-gelehrten Leute Geistliche Lieder und
Psalmen. Erfurt: Johannes Brand, 1663, 65 f.

189   Bartholomäus Crasselius (1667–1724). Zit. nach J. S. Bach: Schemelli-
Gesangbuch, Nr. 32 (NBA III/2.1, Kassel u. a. 1991, S. 162 f.).

189   Andreas Tschernings (1611–1659) Deutscher Gedichte Frühling,
Breslau 1642.

191   Angelus Silesius (1624–1677): Heilige Seelenlust – oder Geistliche
Hirtenlieder der in ihren Jesum verliebten Psyche, 3. Buch, Nr. CXX.
Sämtliche poetische Werke, Bd. 2. München: Allgemeine Verlags-
anstalt, 2. Aufl. 1924, 220 ff.

193   Matthias Jorissen (1739–1823). Zit. nach: EKG Baden, Karlsruhe:
Evangelischer Presseverband für Baden, 1975, Nr. 186.

194   Hermann Claudius (1878–1980). Zit. nach: Mein blaues Klavier.
Deutsche Musikgedichte aus sieben Jahrhunderten, hrsg. von Rein-
hard Kiefer. Kassel; Basel: Bärenreiter, 1988, 166.

195   Dietrich Bonhoeffer (1906–1945): London 1933–35. München: Kaiser,
1994, 355 f.

196   Dieter Schnebel (geb. 1930): Anschläge – Ausschläge. Texte zur Neuen
Musik. München; Wien: Hanser, 1993, 250 ff.

197   Gertrud von Le Fort (1876–1971): Hymnen an die Kirche. München:
Ehrenwirth, o. J., 55 f.

198   Olivier Messiaen (1908–1992). Zit. nach: Internationale katholische
Zeitschrift «Communio», 7. Jg., 1978, 520 ff.

200   Paul Celan (1920–1970): Gedichte in zwei Bänden. Zweiter Band,
Frankfurt a. M.: Suhrkamp, 1975, 26.